新・野菜の便利帳
健康編

名取貴光 監修

高橋書店

目次

栄養素引き …… 5
この本の使い方 …… 10

緑黄色野菜

にんじん …… 12
かぼちゃ …… 14
ピーマン／パプリカ …… 16
ブロッコリー …… 18
ほうれんそう …… 20
緑黄色野菜一覧 …… 22

コラム 野菜で生活習慣病を予防する …… 28

実野菜

トマト …… 30
なす …… 32
ゴーヤー …… 34
きゅうり …… 36
ズッキーニ …… 37
とうがらし …… 38
ししとう …… 39
オクラ …… 40
さやいんげん …… 41
グリーンピース …… 42
さやえんどう …… 43
えだまめ …… 44

コラム 「抗酸化作用」って、どんな作用？ …… 46

果物

いちご …… 48
アセロラ …… 50
キウイフルーツ …… 51
アボカド …… 52
かき …… 54
プルーン …… 55
りんご …… 56
ブルーベリー …… 58
レモン …… 60
グレープフルーツ …… 61
うめ …… 62
バナナ …… 64
メロン …… 66

コラム 野菜は果物のかわりになる？ …… 68

葉野菜

- モロヘイヤ ……… 70
- ケール ……… 72
- キャベツ ……… 73
- レタス ……… 74
- しゅんぎく ……… 75
- パセリ ……… 76
- にんにく ……… 78
- にら ……… 79
- ねぎ ……… 80
- たまねぎ ……… 82
- たかな ……… 84
- くうしんさい ……… 85
- セロリー ……… 86
- アスパラガス ……… 88
- なばな ……… 90
- みょうが ……… 92
- しそ ……… 93
- クレソン ……… 94
- トレビス ……… 95

コラム 有機野菜って、どんな野菜？ ……… 96

海藻

- こんぶ ……… 98
- もずく ……… 100
- ひじき ……… 102
- のり ……… 104
- わかめ ……… 105

コラム 野菜にも、健康効果の表示ができる!? ……… 106

ハーブ

- バジル ……… 108
- ミント ……… 109
- セージ ……… 110
- オレガノ ……… 110
- ローズマリー ……… 111
- タイム ……… 111
- コリアンダー ……… 112
- レモンバーム ……… 113
- チャイブ ……… 113
- 緑茶 ……… 114

コラム 栄養を守る保存方法の基本 ……… 116

きのこ類

しいたけ	118
なめこ	120
きくらげ	121
エリンギ	122
マッシュルーム	122
しめじ	123
まいたけ	123
コラム 野菜の栄養を守る加熱方法―ゆでる・煮る・蒸す―	124

根菜

さといも	126
じゃがいも	128
ごぼう	130
れんこん	131
こんにゃく	132
かぶ	134
さつまいも	136
やまのいも／ながいも／やまといも	138
だいこん	140
しょうが	142
コラム 野菜の栄養を守る加熱方法―揚げる・炒める―	144

豆類・穀物

白米／玄米	146
赤米／黒米	147
あずき	148
いんげんまめ	149
大豆	150
そば	152
小麦	153
はと麦	154
大麦	156
ライ麦	157
とうもろこし	158
もやし	160
スプラウト	162
コラム 干し野菜をつくってみよう	164

種実

えごま	166
ごま	168
ピーナッツ	170
くるみ	172
アーモンド	173
コラム 油の分類表	174

栄養素引き

栄養素の働きはそれぞれ異なるので、さまざまな種類をバランスよく摂取することが大切です。ここでは栄養素をはじめ注目の機能性成分、含有量の多い代表的な食材とその役割をご紹介。必要な栄養素がどの食材に多く含まれるのかわかれば、健康な食生活にきっと役立ちます。

亜鉛 P87
ごま……43
大豆……132
こんにゃく……150
さやえんどう……168
摂取しやすい食材

アクチニジン P51
キウイフルーツ……51
摂取しやすい食材

アスパラギン酸 P89
とうもろこし……88
アスパラガス……31
トマト……158
摂取しやすい食材

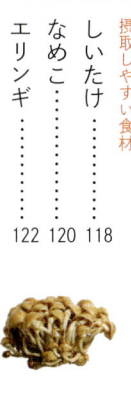

アミラーゼ（ジアスターゼ）P135
だいこん……134
さつまいも……136
かぶ……140
摂取しやすい食材

アルギン酸 P105
こんぶ……98
わかめ……105
摂取しやすい食材

α-リノレン酸
えごま……166
摂取しやすい食材

アントシアニン P59
赤じそ……32
なす……93
摂取しやすい食材

イソチオシアネート P141
キャベツ……18
ケール……72
ブロッコリー……73
摂取しやすい食材

梅リグナン P63
うめ……62
摂取しやすい食材

エルゴステロール（エルゴステリン）P119
しいたけ……118
なめこ……120
エリンギ……122
摂取しやすい食材

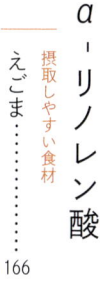

オレイン酸 P171
しめじ……123

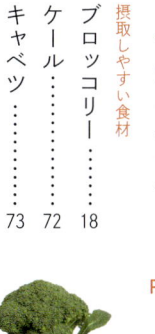

カテキン P115
アーモンド……16
とうもろこし……158
ピーマン……173
摂取しやすい食材

カリウム P127
緑茶……48
りんご……56
いちご……114
摂取しやすい食材

カルシウム
大豆……76
きくらげ……102
ひじき……121
パセリ……150
摂取しやすい食材 P127

ごま……76
きくらげ……98
こんぶ……121
パセリ……168

カロテノイド

緑黄色野菜に多く含まれる、黄色、オレンジ、赤の色素成分のこと。ビタミンAになるカロテン以外に、ルテイン、リコピンなどの抗酸化作用がある成分も含みます。

摂取しやすい食材
- にんじん……12
- さやえんどう……43
- 大豆……150
- ごま……168

ギャバ P67

摂取しやすい食材
- じゃがいも……128
- メロン……66
- なす……32

クエン酸 P60

摂取しやすい食材
- レモン……48
- キウイフルーツ……51
- いちご……60

グルタチオン P53

摂取しやすい食材
- アスパラガス……88
- アボカド……52
- 白米……146

クロロゲン酸 P129

摂取しやすい食材
- じゃがいも……128

ケルセチン P83

摂取しやすい食材
- アスパラガス……88
- たまねぎ……82
- りんご……56
- ごぼう……130

ゴマリグナン P168

摂取しやすい食材
- ごま……168

脂質

三大栄養素の中では最も高エネルギーの成分。摂取しすぎには注意が必要ですが、細胞膜やホルモンなどの材料にもなる大切な栄養素です。含まれる脂肪酸によって、脂肪のつきやすさや機能が異なります。

摂取しやすい食材
- アボカド……52
- 大豆……150
- ごま……168
- ピーナッツ……170

シュウ酸 P21

摂取しやすい食材
- ほうれんそう……20
- モロヘイヤ……70
- 緑茶……114
- やまのいも……138

ショウガオール P143

摂取しやすい食材
- しょうが……142

食物繊維 P133

摂取しやすい食材
- さやいんげん……41
- きくらげ……121
- ごぼう……130

スルフォラファン P163

摂取しやすい食材
- ブロッコリー……18
- ブロッコリースプラウト……162

大豆イソフラボン P151

摂取しやすい食材
- 大豆……150

炭水化物

三大栄養素のひとつで、最も吸収されやすい成分。体内ではブドウ糖と食物繊維に分解され、ブドウ糖は脳の唯一のエネルギー源でもあります。摂取カロリーの約6割を炭水化物から摂るのが理想。

摂取しやすい食材
- さつまいも……136
- やまのいも……138

栄養素引き

たんぱく質

三大栄養素のひとつ。筋肉や皮膚、内臓まで、人の体は全てたんぱく質が主な原料になっています。体をつくるだけでなく、代謝や免疫機能にも関わる、生命維持には欠かせない成分です。

白米 …… 146
玄米 …… 146

鉄 P77

鉄と一緒にヘモグロビンをつくり出す栄養素。また、銅はメラニン色素をつくる酵素にとっても必要で、不足すると髪の毛が抜けたり縮れたりします。

摂取しやすい食材
さやえんどう …… 43
大豆 …… 150
ピーナッツ …… 170

銅

摂取しやすい食材
パセリ …… 76
きくらげ …… 121
大豆 …… 150
ごま …… 168

摂取しやすい食材
大豆 …… 150
ごま …… 168

糖質 P137

摂取しやすい食材
さつまいも …… 136
白米 …… 146
アーモンド …… 173

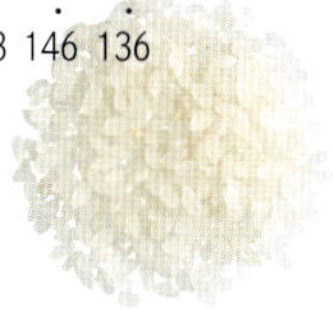

ナイアシン

栄養素の代謝に関わる、ビタミンB群の仲間です。アルコールを分解する際に生成される、アセトアルデヒドを分解する働きがあるので、お酒を飲む人は積極的に摂取するとよいでしょう。

摂取しやすい食材
エリンギ …… 122
まいたけ …… 123
ピーナッツ …… 170

ナスニン P33

摂取しやすい食材
なす …… 32

ナトリウム

体内の水分量を正常に保ったり、神経や筋肉を動かすために働きます。通常は食塩から摂取されるので、現代の食生活では過剰摂取に注意が必要な成分のひとつ。

摂取しやすい食材
わかめ …… 75
しゅんぎく …… 105

パントテン酸

ギリシャ語の「広くどこにでもある」という意味の言葉がその名の由来。不足することは考えられませんが、体内では栄養素の代謝やエネルギー産生、副腎皮質ホルモンの合成など、幅広い働きをします。

摂取しやすい食材
マッシュルーム …… 52
なめこ …… 70
モロヘイヤ …… 120
アボカド …… 122

ビタミンA

皮膚や粘膜の生成を助け、強い抗酸化作用があるビタミン。動物性食品ではレバーやうなぎなどに多く含まれます。植物にはカロテンとして含まれ、体内でビタミンAに変換されます。

摂取しやすい食材
にんじん …… 12
モロヘイヤ …… 70
パセリ …… 76
しそ …… 93

ビタミンB₁ P155

摂取しやすい食材
さやえんどう …… 43
大豆 …… 150
ごま …… 168
ピーナッツ …… 170

ビタミンB2

体内では栄養素の代謝をサポートし、たんぱく質の合成にも関わる、美容にも欠かせないビタミンのひとつです。たんぱく質の合成のひとつです。加熱調理には強いものの、水溶性なので洗いすぎゆですぎには注意が必要。

摂取しやすい食材
- モロヘイヤ…………70
- きくらげ…………121
- まいたけ…………123

ビタミンB6

たんぱく質から、筋肉や血液をつくりだすときに働く栄養素。腸内細菌によっても合成されるので欠乏することはありませんが、たんぱく質を多く摂る人や妊娠中の人にはたくさん必要になります。

摂取しやすい食材
- しそ…………39
- ししとう…………64
- バナナ…………78
- にんにく…………

ビタミンB12

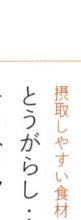

葉酸と協力して、赤血球中のヘモグロビン生成を助けます。貧血予防に効果があるほか、脳からの司令を伝える神経を正常に保つ働きがあるので、認知症の予防にも役立つといわれています。

摂取しやすい食材
- のり…………104

ビタミンC
P49

摂取しやすい食材
- ブロッコリー…………18
- とうがらし…………38
- パセリ…………76
- なばな…………90

ビタミンD

カルシウムの吸収を助け、丈夫な骨や歯をつくるビタミン。通常の食生活で不足することはほとんど考えられませんが、万が一不足すると子どもは成長障害に、大人は骨粗鬆症や骨軟化症になることも。

摂取しやすい食材
- しめじ…………118
- エリンギ…………121
- まいたけ…………123
- きくらげ…………122
- しいたけ…………123

ビタミンE

脂質の酸化を防ぐことで、さまざまな老化現象から体を守ってくれるビタミン。血行促進、美肌、動脈硬化予防、高血圧予防などに有効です。他の抗酸化成分といっしょに摂ると、一層効果が高まります。

摂取しやすい食材
- とうがらし…………38
- モロヘイヤ…………70
- ピーナッツ…………170

ビタミンK

骨の健康維持や、出血した血液を固める働きがあります。食べ物から摂取できる上、腸内細菌でも合成されるため不足することはほとんどありませんが、腸内細菌の少ない新生児は不足することも。

摂取しやすい食材
- バジル…………
- しそ…………76
- パセリ…………93
- モロヘイヤ…………108

ピラジン
P17

摂取しやすい食材
- 小麦粉…………153

フコイダン
P101

摂取しやすい食材
- こんぶ…………98

フコキサンチン
P103

摂取しやすい食材
- わかめ…………102
- ひじき…………105

フラボノイド
P45

摂取しやすい食材
- たまねぎ…………82
- 緑茶…………114
- 大豆…………150

栄養素引き

β-カロテン P13
摂取しやすい食材
- にんじん……12
- ピーマン……16
- ほうれんそう……20

β-クリプトキサンチン P54
摂取しやすい食材
- かぼちゃ……14
- ほうれんそう……20
- とうもろこし……158

マグネシウム P65
摂取しやすい食材
- とうがらし……38
- ごま……168

マンガン
カルシウムやリンとともに、骨の形成に関わります。糖質や脂質を代謝する際に働く酵素の材料になるので、たんぱく質の合成やエネルギーの産生にも欠かせません。

ムチン P139
摂取しやすい食材
- きくらげ……121
- しょうが……142

ムチン
摂取しやすい食材
- オクラ……40
- なめこ……120

モモルデシン P35
摂取しやすい食材
- ゴーヤー……34

葉酸 P71
摂取しやすい食材
- えだまめ……44
- モロヘイヤ……70
- なばな……90

リコピン P31
摂取しやすい食材
- トマト……30

リノール酸 P159
摂取しやすい食材
- ごま……168
- くるみ……172

硫化アリル P81
摂取しやすい食材
- にら……79
- ねぎ……80
- たまねぎ……82

リン
骨や歯をつくり、エネルギーを産生する大切な栄養素ですが、不足することはほとんどありません。過剰摂取すると、リンを代謝する際に使われるカルシウムが不足するので注意が必要です。

摂取しやすい食材
- さやいんげん……41
- 大豆……150
- ごま……168

リンゴポリフェノール P57
摂取しやすい食材
- りんご……56

ルテイン P19
摂取しやすい食材
- ほうれんそう……20
- ブロッコリー……18

9

この本の使い方

栄養素
人間が必要とする大切な栄養素から、近年注目されてきた栄養素まで、知っておきたいキーワードとして、わかりやすく解説しています。

保存方法
それぞれの野菜に適した保存方法を解説しています。

レシピ
手軽につくれて、野菜の魅力を引き出すレシピを紹介しています。目安として記した材料や分量をもとに、お楽しみ下さい。

解説
栄養成分と効能、有効な調理法など、その野菜果物などの食材としての特徴を解説してあります。

名称
野菜名の表記は、独立行政法人農畜産業振興機構が使用しているものにほぼ準じています。ただし、一般的な名称のほうがわかりやすいものは、併記しています。

データ
注目の栄養成分、可食部分(生)100gあたりのエネルギー量など、「日本食品標準成分表2015年版(七訂)」に基づいています。

効果アップの食べ合わせ
調理や献立のなかで組み合わせて食べると、相乗効果などが期待できる、食べ合わせを提案しています。

メイン写真
その野菜で多く流通している品種を取り上げていますが、一年のなかで主要品種が変化するものも多くあります。

トピックス
栄 −栄養関連、食 −調理法など、色 −品種や部位の色について、種 −種類、食材、部位について、香 −香りについて

緑黄色野菜

緑 Carrot

にんじん

色素の成分が すぐれた抗酸化作用を発揮

にんじんには、一般的に流通しているオレンジ色の西洋種とお正月前などに出回る赤い東洋種があり、どちらもβカロテンを豊富に含む緑黄色野菜です。βカロテンは体内で必要な分だけビタミンAにかわり、免疫力を高めたり、目や粘膜の健康を保ったりする効果を発揮します。さらに、βカロテンそのものにもすぐれた抗酸化作用があるため、老化の原因となる活性酸素の害から体を守るのに役立ちます。βカロテンは油脂に溶けて吸収されるため、油を使って調理するのがおすすめです。東洋種には、赤い色素の成分であるリコピンも含まれています。リコピンはβカロテン以上の抗酸化力をもつ成分で、血糖値の上昇を防ぐ働きなどもあります。

葉
にんじんの葉は、根以上の栄養
おもな栄養素は根と同じくβカロテン。ビタミンC、ビタミンB₂、カルシウム、ビタミンEも豊富。

保存方法
冬場は冷暗所で保存できますが、夏場は水けをふき取ってからポリ袋に入れ冷蔵庫へ。葉つきのものは葉を切り落として保存しましょう。

根
皮にも栄養がいっぱい
βカロテンは、皮のすぐ下に最も多く含まれています。無農薬のものなどは、なるべく皮ごと食べるほうがよいでしょう。

12

知っておきたい健康ワード

β-カロテン

効果と機能

植物に含まれる色素の一種であるβカロテンは、ビタミンAの前駆体（プロビタミンA）です。体内でビタミンAに変換され、肌や粘膜を正常に保ったり、明るさに対応する目の働きをサポートする効果を発揮します。また、ビタミンAに変換されなかった分は抗酸化物質として働き、老化防止や生活習慣病予防に役立ちます。

主な食材

あまのり／松藻（素干し）／抹茶／いわのり（素干し）／玉露／とうがらし／煎茶／しそ／にんじん／乾燥わかめ

種

一般に流通しているのは「西洋種」

地方品種に、赤色の濃い「金時にんじん」（東洋種）などがあります。金時にんじんの赤はリコピン、西洋種のオレンジ色はβカロテンによるものです。

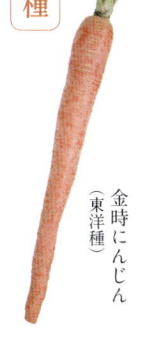

金時にんじん（東洋種）
（西洋種）

栄

眼精疲労や気管支炎症などには、生ジュースが効果的

にんじんに含まれる「アスコルビナーゼ」という酵素は、ビタミンCを破壊するというのが通説でした。そのため、加熱したり酢などの酸を加えたりして酵素の働きを止めるとよい、などとされていました。でも、実際には、ビタミンCは壊れるのではなく酸化されているだけで酸化したビタミンCは体内で還元され、通常のビタミンCと同様の効果を発揮することが分かっています。

食品成分表（可食部100gあたり）

エネルギー		39kcal
水分		89.1g
炭水化物		9.3g
無機質	ナトリウム	28mg
	カリウム	300mg
	カルシウム	**28mg**
	鉄	0.2mg
	亜鉛	0.2mg
ビタミン	A β-カロテン当量	8600μg
	B1	0.07mg
	B2	0.06mg
	B6	0.10mg
	C	6mg
食物繊維総量		2.8g

効果アップの食べ合わせ

抗酸化力アップ

にんじん ＋ キャベツ

ビタミンCが豊富な食材をプラス。にんじんのβカロテンとともに抗酸化作用を発揮し、老化防止に役立ちます。

吸収率アップ

にんじん ＋ 油

にんじんのβカロテンは、油といっしょに摂ると、吸収率が高まります。抗酸化作用を促進し、老化防止に役立ちます。

美肌効果

にんじん ＋ 鶏肉

にんじんのβカロテン、鶏肉のたんぱく質は健康な肌づくりには欠かせない栄養素です。

かぼちゃ

ビタミンACE（エース）の作用で強力に老化を防ぐ

「冬至に食べると病気にならない」といわれるように、とても栄養価の高い野菜です。特に注目したいのが、βカロテンのほか、ビタミンEとビタミンCも豊富なこと。これらの成分にはそれぞれ活性酸素の害から体を守る抗酸化力があり、さらにビタミンCとEをいっしょに摂ると、ビタミンEの抗酸化作用が持続するのです。βカロテンは、体内で必要な分だけビタミンAに変換される成分。強い抗酸化力をもつ栄養素の代表として、3つのビタミンのアルファベットをつなげて「ビタミンACE（エース）」と呼ばれることもあります。ビタミンEは抗酸化力に加え、血行促進やホルモンバランスの調整、ビタミンCは免疫力アップや美肌づくりなどにも役立ちます。

種｜西洋かぼちゃと日本かぼちゃ

かぼちゃは、「西洋かぼちゃ」と「日本かぼちゃ」、ズッキーニ（37ページ参照）に代表される「ペポかぼちゃ」に分けられます。一般に「かぼちゃ」として流通しているのは、西洋かぼちゃ。日本かぼちゃは、西洋かぼちゃに比べて味が淡白です。βカロテンやビタミンEの含有量も少なくなっています。

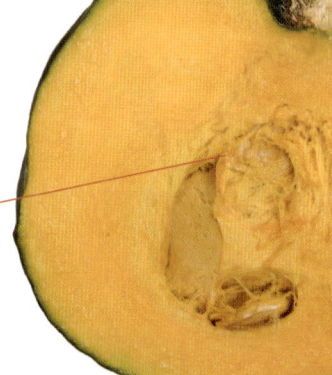

栄｜種にも栄養がぎっしり

かぼちゃの種には、各種のミネラルや抗酸化作用のあるリグナンなどの栄養がたっぷり。オーブンなどでローストすれば、おいしく食べられます。

保存方法

丸ごとなら風通しのよいところで2カ月ほど保存できます。カットしたものは、種とワタを取り除き、ラップで包んで冷蔵庫で保存しましょう。

栄 カリウムで高血圧、むくみ予防

カリウムの含有量は野菜・くだもの類の中でもトップクラス。体内でのナトリウムの排泄を促進、むくみの解消や高血圧の予防に有効です。

栄 腸を動かすには食物繊維が必要

食物繊維が豊富で、便の量を増やしたり、腸のぜん動運動を促進したりする働きのある不溶性食物繊維を多く含みます。便秘の予防・改善のためにも、しっかり摂りたい野菜です。

知っておきたい健康ワード 三大抗酸化ビタミン

効果と機能

かぼちゃには、βカロテン（体内でビタミンAにかわる）、ビタミンE、ビタミンCが豊富に含まれています。βカロテン含有量は100gあたり4000μgと圧倒的に多く、ピーマンの約10倍、トマトの約7倍。ビタミンCも100gあたり43mgと豊富です（西洋かぼちゃの場合）。かぼちゃのビタミンCは熱にも強いため摂取しやすく、ビタミンEも豊富に含んでいるため、ビタミンACEの相乗効果により、高い抗酸化作用や美肌効果が期待できます。

βカロテンには体内でビタミンAに変換されることで皮膚や粘膜を正常に保ち、肌荒れや乾燥を防ぐ働きがあります。ビタミンEは血液の流れをよくし、肌代謝・ターンオーバーの促進やくすみの解消に有効。ビタミンCはメラニン色素の生成を抑えたりコラーゲンの生成にかかわったりするなどの働きをもっています。

西洋かぼちゃ 食品成分表（可食部100gあたり）

エネルギー		91kcal
水分		76.2g
炭水化物		20.6g
無機質	カリウム	450mg
	カルシウム	15mg
	マグネシウム	25mg
	鉄	0.5mg
ビタミン	A β-カロテン当量	4000μg
	E	4.9mg
	B1	0.07mg
	B6	0.22mg
	C	43mg
食物繊維総量		3.5g

効果アップの食べ合わせ

吸収率アップ

かぼちゃ ＋ チーズ

かぼちゃに含まれるビタミンA、Eは脂溶性。チーズに含まれる脂によって吸収率がアップします。

免疫力アップ

かぼちゃ ＋ 豚肉

かぼちゃには抗酸化作用があり、豚肉には組織をつくるたんぱく質が多く含まれています。

老化防止

かぼちゃ ＋ トマト

かぼちゃのβカロテン、トマトのリコピンには強い抗酸化力があり、老化防止に役立ちます。

ピーマン／パプリカ

緑 Bell pepper

熱に強いビタミンCがたっぷり

ピーマンに含まれるβカロテンは100gあたり400μg。緑黄色野菜の基準である600μgに満たないのですが、一度に食べる量が比較的多いことから、緑黄色野菜とみなされています。βカロテンのほか、ビタミンCやビタミンEもたっぷり。ピーマンのビタミンCには、加熱によって壊れにくいという特徴もあります。ビタミン類に加え、血液をサラサラにするピラジンや、余分な塩分の排泄をうながすカリウムなども含まれています。パプリカの栄養もほぼ同様ですが、ビタミンCやEはパプリカのほうが豊富。βカロテンは赤いパプリカに多く、黄色いものには少なめです。赤いパプリカには、体脂肪を燃やす効果などが期待できるカプサイシンも含まれています。

保存方法

穴あきのポリ袋などに入れて、冷蔵庫の野菜室に入れれば1週間は保存可能です。傷みが移りやすいので、傷んだ部分は取り除きましょう。

品 辛みのないとうがらし

ピーマンは、とうがらしから辛みを除いて、未熟な緑色で収穫し、独特の苦みと香りを楽しむ品種。

色 色の違いは味の違い

黄色＝少し苦みがある。オレンジ色＝苦みがなく甘い。赤＝ほんのり甘い。

品 ピーマンよりすぐれた栄養

パプリカは、とうがらしから辛みを除いて、生で食べられるように改良された品種。肉厚で甘みがあるようなピーマンよりのビタミンCやEはピーマンより豊富で、βカロテンも多く含まれています。

16

知っておきたい健康ワード

ピラジン

効果と機能
ピラジンは、ピーマンの香りのもととなる成分です。血液をサラサラにする効果があるため、血栓を防ぎ、脳梗塞、心筋梗塞などの予防に役立つと考えられています。

主な食材
コーヒー／大麦／ポップコーン／小麦粉／カマンベールチーズ／マッシュルーム／緑茶／みそ／納豆

食 ピーマンのビタミンCは炒めても

ビタミンCは、加熱によって壊れやすい栄養素です。でも、ピーマンの場合、繊維組織がしっかりしているため、加熱による損失は少なめ。炒めものなど、加熱する料理にたっぷり使いましょう。

食 サラダ油とは？

綿実油や大豆油などの植物性油を、低温でも結晶化しないように精製したもの。サラダのような生ものにも使えることがその名の由来で、クセがなく幅広い料理に使われます。

効果アップの食べ合わせ

貧血予防
ピーマン ＋ かつお

鉄分を豊富に含む食材を組み合わせれば、ビタミンCの働きで鉄の吸収率がアップ。貧血予防に役立ちます。

免疫力アップ
パプリカ ＋ 鯛

組織をつくる鯛のたんぱく質に、パプリカのβカロテン・ビタミンCを組み合わせて、健康な体をキープ。

美肌効果
パプリカ ＋ 豚肉

パプリカに豊富に含まれるビタミンCが、豚肉のたんぱく質によるコラーゲン生成を助けます。

青ピーマン
食品成分表（可食部100gあたり）

エネルギー		22kcal
水分		93.4g
無機質	カリウム	190mg
	マグネシウム	11mg
	リン	22mg
ビタミン	A　β-カロテン当量	400μg
	K	20μg
	B1	0.03mg
	B2	0.03mg
	ナイアシン	0.6mg
	B6	0.19mg
	葉酸	26μg
	C	76mg
食物繊維総量		2.3g

ブロッコリー

辛み成分にもすぐれた抗酸化作用が

強い抗酸化力をもち、体内で必要な分だけビタミンAにかわるβカロテンのほか、ビタミンCも豊富です。ビタミンCには免疫力アップや美肌づくりに加え、鉄の吸収を助けたり、ストレスから体を守ったりする効果も。豊富なビタミンCをむだなく摂るためには、短時間でかためにゆでてざるに上げ、水にさらさずそのまま冷ますとよいでしょう。辛み成分の一種、スルフォラファンにはすぐれた抗酸化作用があり、がん予防にも効果が期待できるといわれています。体内の余分な塩分を排泄して血圧をコントロールするカリウムや、貧血の予防・改善に欠かせない鉄、血糖値を下げるインスリンの作用を高めるクロムなどのミネラルも多く含まれています。

蕾
小さなつぼみがぎっしりつまったものを

こんもりと盛りあがっている部分は、小さなつぼみがたくさん集まった「花蕾(からい)」。つぼみが黄色っぽくなっているものは鮮度が落ち、栄養価も下がっています。

茎
おいしい部分を捨てないで

茎の部分も栄養豊富なので、いっしょに食べましょう。表面のかたい皮をむいて、スライスすればおいしく食べられます。

保存方法

新鮮なものほど甘みがあるので早めに食べきりましょう。つぼみが開くと品質が低下するので、水洗いしないでポリ袋に入れ、密封せずに冷蔵庫の野菜室で保存します。

知っておきたい健康ワード

ルテイン

効果と機能

ルテインは、ブロッコリーやほうれんそうなどの緑黄色野菜のほか、動物性食品では卵黄に多く含まれる色素成分です。人体内では目の奥にある網膜だけに存在し、光の刺激から細胞を守り、目の健康を維持する働きがあります。

主な食材

にんじん／トマト／グァバ／パパイヤ

ブロッコリースプラウト

食 最小限の加熱が、ポイント

ビタミンCは水溶性のため、ゆでるとどんどん溶け出してしまいます。熱湯で短時間ゆでるか、電子レンジで加熱するようにしましょう。加熱したブロッコリーは、水にさらさないように。さらすと味も香りも食感も損なってしまいます。

効 ストレスで変わる体内のビタミンC量

体内のビタミンCは、ストレスや喫煙で大量に消費されます。十分量摂ることを心がけましょう。ビタミンCは水溶性で、過剰摂取しても不要な分は体外に排出されますのでご心配なく。

食品成分表（可食部100gあたり）

エネルギー		33kcal
水分		89.0g
たんぱく質		4.3g
炭水化物		5.2g
無機質	カリウム	360mg
	カルシウム	38mg
	鉄	1.0mg
ビタミン	A β-カロテン当量	810μg
	B1	0.14mg
	B2	0.20mg
	葉酸	210μg
	パントテン酸	1.12mg
	C	120mg
食物繊維総量		4.4g

効果アップの食べ合わせ

美肌効果
ブロッコリー ＋ 鶏肉
ブロッコリーに豊富に含まれるビタミンCが、鶏肉のたんぱく質によるコラーゲン生成を助けます。

美肌効果
ブロッコリー ＋ じゃがいも
どちらもビタミンCを多く含む食材。美肌効果が期待できます。

コレステロール対策
ブロッコリー ＋ いか
いかのタウリンにはコレステロールを下げる効果が。ブロッコリーの食物繊維でさらに効果アップ。

緑 Spinach

ほうれんそう

ビタミン・ミネラルを豊富に含む栄養野菜

緑黄色野菜の中でも、特に栄養価が高いことで知られています。抗酸化作用の高いβカロテンやビタミンCのほか、貧血の予防・改善に役立つ鉄、骨を健康に保つカルシウムなども豊富です。抗酸化作用を高めるなら、ビタミンEを多く含むナッツや植物油との組み合わせがおすすめ。ビタミンDが豊富な青魚やきのこ類といっしょに摂れば、カルシウムの吸収率を高めることができます。

保存方法

葉の表面から水分が蒸発するので、乾燥は禁物。湿らせた新聞紙で包んでポリ袋に入れ、冷蔵庫の野菜室で根を下にして保存すると、比較的長持ちします。

葉
葉の形で、味がわかる

丸みのある厚い葉が波状に縮み、根元の赤味が淡いのが「東洋種」。やや土臭くアクが強いものの、風味は濃厚。切れ込みが大きくて葉先が尖っていて、根元が鮮紅色なのが特徴です。「西洋種」は肉厚で丸葉、東洋種よりもアクは強い品種ですが、現在では品種改良によって、両方の特徴をもった品種が数多くあります。

根
根元は甘くておいしい

鉄分は葉より、根に多く含まれるといわれています。株元には甘みもあるので、根つきのものは切り落としてしまわず、いっしょに食べるようにしましょう。

知っておきたい健康ワード

シュウ酸

効果と機能

ほうれんそうのえぐみは、シュウ酸によるもの。シュウ酸には鉄やカルシウムの吸収を妨げる働きがありますが、ゆでれば減らすことができます。ただし、アクが強いものを生食しても、通常の食事で摂る程度の量なら健康に害を及ぼす心配はありません。

主な食材

ほうれんそう／つるな／緑茶／アオノリ／テングサ

パラパラになるまで手早く炒める

たっぷりほうれんそうの焼き飯

材料(2人分)

ほうれんそう…½束
卵…2個
ご飯…300g
サラダ油…大さじ3
塩…小さじ1
こしょう・中華スープの素…各少々

作り方

1. ほうれんそうは根元を切って水洗いし、細かいみじん切りにする。
2. 鍋を熱してサラダ油を入れてなじませ、溶きほぐした卵を流し入れて炒める。
3. 卵に7割がた火が通ったらご飯を加えてほぐし、卵と混ぜ合わせる。塩、こしょう、中華スープの素で調味し、ほうれんそうを加えて手早く炒め合わせる。

栄 夏採りと冬採り、栄養価の違いは

ほうれんそうの本来の旬である冬採りのほうが、ビタミンCは約3倍多くなります。気温が下がると、植物自体が養分濃度を高めて細胞を凍りにくくする性質があるため、ビタミンCの含有量が増加。さらに糖の含有量も増えるので、おいしさもアップします。

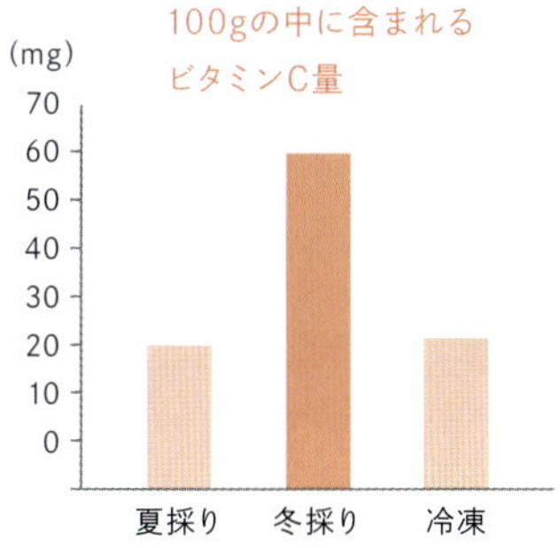

100gの中に含まれるビタミンC量 (mg)
- 夏採り：約20
- 冬採り：約60
- 冷凍：約20

食品成分表(可食部100gあたり)

エネルギー……20kcal
水分……92.4g

無機質
　ナトリウム……16mg
　カリウム……690mg
　カルシウム……49mg
　マグネシウム……69mg
　鉄……2.0mg
　亜鉛……0.7mg

ビタミン
　A　β-カロテン当量……4200µg
　K……270µg
　B2……0.20mg
　葉酸……210µg
　C……35mg

食物繊維総量……2.8g

効果アップの食べ合わせ

貧血予防

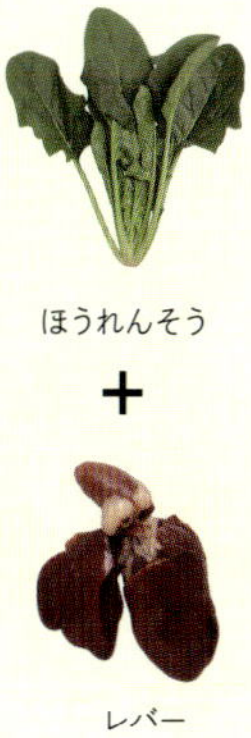

ほうれんそう ＋ レバー

どちらにも造血作用のある鉄を豊富に含みます。また、レバーに含まれるたんぱく質により鉄の吸収率もよくなります。

抗酸化作用

ほうれんそう ＋ ピーナッツ

ほうれんそうのβカロテンとビタミンE、ピーナッツのビタミンEにはいずれも抗酸化作用があります。

高血圧予防

ほうれんそう ＋ さば

ほうれんそうに豊富なカリウム、さばに含まれるDHA、EPAには高血圧予防効果があります。

緑黄色野菜一覧

可食部100gあたりカロテン（βカロテン当量）が600μg以上含まれるものを緑黄色野菜としています。しかし、トマトやピーマン、グリーンアスパラガスなど、βカロテン含有量は基準以下の野菜でも、緑黄色野菜に分類されるものがあります。これらは、一度に食べる量や頻度が高く、カロテンの補給源としてすぐれているからです。

βカロテン当量（μg）／100g

ねぎ

小ねぎ 2200μg／100g

あさつき 750μg／100g

わけぎ 2700μg／100g

わけぎ（根元） 14μg／100g

行者にんにく 2000μg／100g

にんにくの芽 710μg／100g

たらのめ 570μg／100g

淡色野菜

きゅうりやなすのように、見た目が色の濃い野菜でも、βカロテンが少ないものは淡色野菜です。味にくせがなく、生野菜としても食べやすいため、料理の材料として幅広く使え、たくさんの量を食べることができます。βカロテンの含有量は緑黄色野菜に及びませんが、ビタミンCやミネラルの働きによって疲労回復効果や、生活習慣病予防、免疫力を上げる効果が期待できます。

22

実

とうがらし 7700μg/100g

十六ささげ 1200μg/100g

ピーマン
- 緑ピーマン 400μg/100g
- 赤ピーマン 1100μg/100g

とんぶり 800μg/100g

かぼちゃ 4000μg/100g

オクラ 670μg/100g

さやいんげん 590μg/100g

さやえんどう 560μg/100g

トマト 540μg/100g

ししとう 530μg/100g

グリーンピース 420μg/100g

はくさい 99μg/100g

レタス 240μg/100g

グリーンアスパラガス 380μg/100g

きゅうり 330μg/100g

葉・根

- よめな 6700μg/100g
- にんじん 8600μg/100g
- モロヘイヤ 10000μg/100g
- しそ 11000μg/100g
- しゅんぎく 4500μg/100g
- よもぎ 5300μg/100g
- あしたば 5300μg/100g
- バジル 6300μg/100g
- ルッコラ 3600μg/100g
- だいこんの葉 3900μg/100g
- ほうれんそう 4200μg/100g
- セロリー 44μg/100g
- リーキ 45μg/100g
- だいこん（根） 0μg/100g
- キャベツ 50μg/100g

野菜	含有量
こまつな	3100μg/100g
みつば	3200μg/100g
おかひじき	3300μg/100g
にら	3500μg/100g
からし菜	2800μg/100g
ケール	2900μg/100g
つるむらさき	3000μg/100g
クレソン	2700μg/100g
サラダ菜	2200μg/100g
なばな	2200μg/100g
たかな	2300μg/100g
たまねぎ	1μg/100g
れんこん	3μg/100g
カリフラワー	18μg/100g
さつまいも	23μg/100g

野菜	含有量
かいわれだいこん	1900μg/100g
広島菜	1900μg/100g
せり	1900μg/100g
チンゲンサイ	2000μg/100g
みずな	1300μg/100g
エンダイブ	1700μg/100g
パクチョイ	1800μg/100g
芽キャベツ	710μg/100g
ブロッコリー	810μg/100g
かぶの葉	2800μg/100g
山東菜	1200μg/100g
らっきょう	0μg/100g
かぶ（根）	0μg/100g
ラディッシュ	0μg/100g

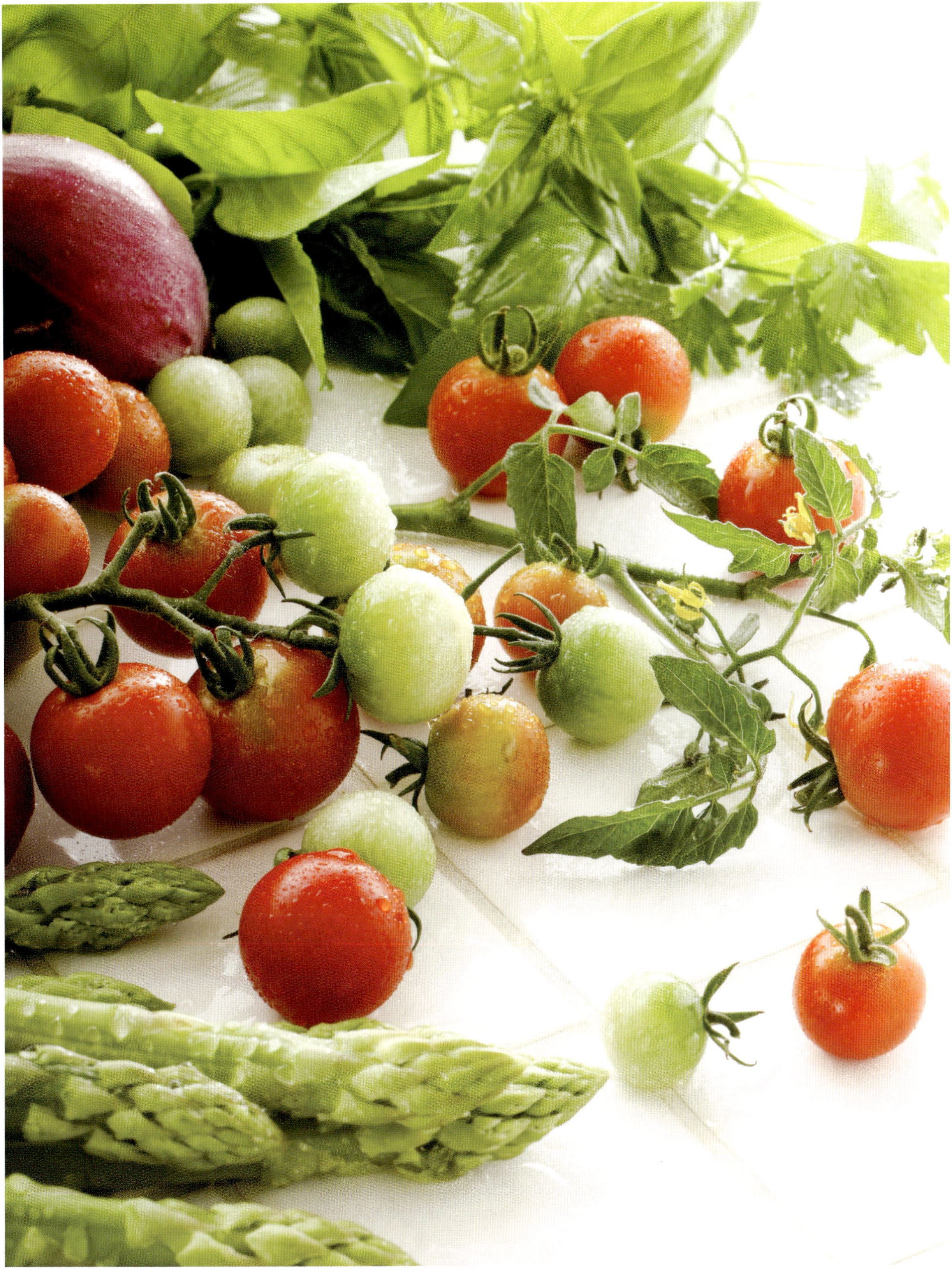

野菜で生活習慣病を予防する

生活習慣病予防の基本は毎日の食事

野菜やきのこ、海藻などをしっかり食べることは、生活習慣病の予防につながります。生活習慣病とは、食事や運動、ストレス、飲酒や喫煙といった日々の習慣が発症や進行に深くかかわっている病気のこと。代表的なものとして、高血圧、脂質異常症、糖尿病などが挙げられます。

これらの病気のベースとなることが多いのが、肥満や動脈硬化です。医学的な意味での肥満とは、見た目がぽっちゃりしていることではなく、体脂肪率が一定より高い状態を指します。動脈硬化は、血管の内側にコレステロールがたまり、動脈が弾力を失ってかたくなること。進行すると高血圧が進んだり、血栓（血のかたまり）ができて血管がつまり、脳や心臓の病気を引き起こしたりするリスクが高まります。生活習慣病を防ぐためには、肥満の予防・改善に加え、血圧、中性脂肪値、コレステロール値、血糖値などのコントロールが必要です。

低エネルギーの野菜をたっぷり食べる

生活習慣病予防を考える場合、野菜類の栄養でもっとも注目したいのが食物繊維です。食物繊維は、人の体内で消化・吸収できない成分で、エネルギー量がほとんど0。安心してたくさん食べられるうえ、脂肪にかわりやすい糖質の吸収を緩やかにしたり、コレステロールの排出を促したりする働きもあります。また、胃の中で膨らんで満腹感を高めるため、食べすぎの予防にも有効です。

同時に、野菜類に含まれるビタミンやミネラル、フィトケミカル（植物の色素やアクなどの成分）の働きも見逃せません。これらの成分は、エネルギー源となる栄養素の代謝や体の調子を整えるために欠かせないもの。さらに、抗酸化作用のある成分の働きで、活性酸素（46ページ）の害から体を守ることもできます。健康維持のためには、糖質やたんぱく質に偏った食事を避け、日頃から野菜を多くとることを心がけましょう。

実野菜

トマト

実 Tomato

赤い色素・リコピンが健康を守る

ヨーロッパに「トマトが赤くなると医者が青くなる」ということわざがあるほど、栄養価の高い野菜。果肉の赤い色は、リコピンによるものです。リコピンと同様、抗酸化力の高いβカロテンやビタミンCも豊富。体内の余分な塩分を排泄することで高血圧の予防・改善に役立つカリウムや、疲労回復効果の高いクエン酸なども多く含まれています。βカロテンの含有量は緑黄色野菜の基準値（100gあたり600μg以上、P22参照）以下ですが、一般に、一度に食べる量が多いことから緑黄色野菜に分類されています。

皮　免疫力を高める皮のちから

皮には、特有な機能をもつ成分があります。それは、ペルオキシダーゼという酵素です。人間の体内においては、酸化物質を無毒化する働きをもっています。

種　種のまわりはうまみの宝庫

種のまわりのゼリー状の部分には、グルタミン酸が果肉の2倍含まれています。うまみのかたまりなので、取り除かないようにしましょう。

香　独特のトマト臭は

トマトには、シトラール、ヘキサナールなどさまざまな香り成分が含まれていますが、熱を加えるとその成分が蒸発するため、トマト特有の青くささは気にならなくなります。

保存方法

完熟したトマトは、ポリ袋に入れて冷蔵庫の野菜室で保存。青さの残っているトマトは低温では追熟しないので、常温で追熟させます。

実　加熱調理でリコピンの吸収率アップ

加熱することで甘みやうまみがアップします。生食だけでなく、加熱して食べるのもおすすめ。加熱するとビタミンCは減少しますが、細胞壁が壊れるので、リコピンが油に溶けて吸収率が3〜4倍にアップするといわれています。

知っておきたい健康ワード

リコピン

効果と機能

リコピンにはβカロテンの2倍以上ともいわれる抗酸化力があり、さまざまな実験から、がんの予防に有効であることがわかっています。また、血糖値を下げたり、コラーゲンの生成をうながして美肌をつくったりする働きもあると考えられています。リコピンは熱に強く、加熱による損失はほとんどありません。また、油脂に溶け込んで吸収される性質があるので、トマトソースのような形で油を使って調理し、たっぷり食べるのがおすすめです。

主な食材

トマト／にんじん／すいか／グァバ／ピンクグレープフルーツ／パパイヤ／あんず／グレープフルーツ

種　赤いトマトのうまみ成分

皮の色がピンクの品種より赤い品種のほうが、うまみ成分を多く含みます。赤みの強いミニトマトのほうが、味を濃く感じるのはそのためです。うまみ成分の正体は、グルタミン酸とアスパラギン酸。地中海沿岸地方では日本のこんぶやしいたけなどと同じ感覚で、トマトが料理のベースに使われています。

効　トマトケチャップはトマトのおいしさを詰め込んだ調味料

トマトケチャップの濃いうまみ

トマトにスパイスや酢、塩などを加えてつくられたトマトケチャップは、栄養豊富な調味料です。βカロテンやビタミンE、カリウム、リコピンなど、トマトの栄養がぎっしり。うまみ成分も凝縮されるため、料理にコクを加えることもできます。

食品成分表（可食部100gあたり）

エネルギー		19kcal
水分		94.0g
炭水化物		4.7g
無機質	ナトリウム	3mg
	カリウム	210mg
	マグネシウム	9mg
	リン	26mg
ビタミン	A　β-カロテン当量	540μg
	B1	0.05mg
	B2	0.02mg
	B6	0.08mg
	葉酸	22μg
	C	15mg
食物繊維総量		1.0g

老化防止

トマトのリコピン、なすのアントシアニンには高い抗酸化力があり、アンチエイジング効果が期待できます。

トマト ＋ なす

免疫力アップ

トマトとモロヘイヤに豊富に含まれるβカロテンとビタミンCで、免疫力を高めます。

トマト ＋ モロヘイヤ

吸収率アップ

トマトのリコピンは、チーズの脂といっしょに摂ると、吸収がよくなります。

トマト ＋ チーズ

― 効果アップの食べ合わせ ―

なす

Eggplant

実

皮

なすの皮にはナスニンが

皮の濃い紫色は、アントシアニンの一種であるナスニンという色素。抗がん作用や老化防止効果が期待できるといわれています。

皮に含まれる成分が細胞の老化を防ぐ

成分の90％が水分で、ビタミンやミネラルなどの含有量も少なめ。100g（普通の大きさのなす1本半程度）あたり22kcalと野菜の中でも低エネルギーなので、ダイエット中でも安心してたっぷり食べられます。ただし、果肉がスポンジ状で油を吸収しやすいため、油を使って調理する場合は食べる量に注意が必要です。

皮に含まれるアントシアニンのほか、果肉のクロロゲン酸にも抗酸化作用があり、生活習慣病の予防やダイエットなどに効果が期待できます。中医学では、体を冷やす食材として知られています。

実

低エネルギーでカリウムが豊富

成分のほとんどは水分。ビタミンやミネラル、食物繊維も含みますが、それほど多くはありません。ただし、利尿効果のあるカリウムが比較的多いことから、「体を冷やす」「嫁に食わすな」説の根拠となっているようです。

保存方法

冷蔵庫に入れると低温障害を起こして種が黒くなり、傷みやすくなります。空気に触れないよう新聞紙で包んで、常温で保存し、2〜3日で食べきりましょう。

知っておきたい健康ワード

ナスニン

効果と機能

ナスニンは、なすの皮に含まれるポリフェノールの一種。青紫色の色素成分なので、皮の色が緑や白の品種にはほとんど含まれません。一番の特徴は、活性酸素の害から体を守る抗酸化作用があること。また、心臓を守ったり、病気に伴う血管新生（新しい血管ができること）を抑える効果などについても研究が進められ、一定の効果があることが報告されています。

効 なすのアクは、体によい？

なすはアクが強いため、切ったあとは水にさらして「アク抜き」をしないと切り口が褐色に変わります。アクの正体は、クロロゲン酸などのポリフェノール。活性酸素の働きを抑える作用があり、老化防止やがん予防のほか、血圧や血糖値の正常化にも有効とされています。これらの成分は体によい効果をもたらすこともわかっているため、水にさらす時間は極力短めに。すぐに調理する場合は、アク抜きは必要ありません。

効 果肉に含まれるクロロゲン酸にも注目

ポリフェノールの一種であるクロロゲン酸には強い抗酸化力がありますが、最近では糖尿病や心血管疾患の予防効果もわかりつつあります。

食品成分表（可食部100gあたり）

エネルギー		22kcal
水分		93.2g
たんぱく質		1.1g
炭水化物		5.1g
無機質	カリウム	220mg
	カルシウム	18mg
	マグネシウム	17mg
	リン	30mg
	鉄	0.3mg
	マンガン	0.16mg
ビタミン	B1	0.05mg
	B2	0.05mg
	葉酸	32μg
	C	4mg
食物繊維総量		2.2g

効果アップの食べ合わせ

高血圧予防
なす ＋ 豚肉

なすに含まれるカリウムが血圧を下げ、豚肉のたんぱく質が丈夫な血管をつくります。

免疫力アップ
なす ＋ うなぎ

抗酸化作用のあるなすのビタミンCと免疫力を高めるうなぎのビタミンAで免疫力アップが期待できます。

疲労回復
なす ＋ 牛肉

なすに含まれるコリン、牛肉に豊富な鉄には、疲労回復効果があるといわれています。

実 Goya

ゴーヤー

苦み成分で夏バテを防ぐ

独特の苦みは、モモルデシンという成分によるもの。さらに、免疫力アップなどに役立つビタミンCもたっぷり含まれています。ゴーヤーのビタミンCは、加熱しても壊れにくいのが特徴。また、油脂に溶けにくいミネラルも豊富に含まれています。カリウムやカルシウムなど、体のバランスを整えるのに欠かせないミネラルも豊富に含まれているので、油を使った炒めものなどにするのがおすすめです。コラーゲンの材料となるたんぱく質を多く含む肉、卵などを加えれば、ビタミンCとの相乗効果で美肌づくりにもつながります。

保存方法
湿らせた新聞紙で包み、冷暗所で2週間ほど保存可能です。

綿　もっとワタを食べましょう
ワタには、果肉の1.7倍ものビタミンCが含まれています。ワタの部分には、苦みも少ないので、もっと料理にいかしたいものです。

種　約60％の共役リノレン酸
ゴーヤーの種子に多く含まれているのが共役リノレン酸。最近の研究で、共役リノレン酸が肝臓における脂肪の燃焼に効果的であることがわかりました。

皮　本当に苦いのは皮の部分
ゴーヤー独特の苦みが含まれているのは、皮の部分。皮のむき加減で苦みを調整できますが、その皮には、モモルデシン、チャランチン、コロソリ酸といった有効な成分が含まれています。

知っておきたい健康ワード

モモルデシン

効果と機能

苦みのもととなっているモモルデシンは、ゴーヤーの特有成分。血糖値を下げる作用のほか、胃を丈夫にして消化吸収能力を高めたり食欲を増進したりする働きもあるといわれています。

効 今後に期待 ゴーヤーの血糖値調整作用

ゴーヤーに含まれる成分の働きについては、多くの研究が進められています。たとえば皮に含まれているチャランチンには、血糖値を下げる作用のあることが報告されています。チャランチンコレステロールに近い構造をしているので、さっと油で炒める料理がよいでしょう。

食 熱に強いビタミンでも

「加熱に強い」とされるゴーヤーのビタミンCですが、水溶性のため、塩もみや、水につけておくといった方法には要注意。塩もみをした場合、ビタミンCの約30％が失われてしまいます。βカロテンは油と相性がよく、油で炒めることで、吸収率がアップします。

効果アップの食べ合わせ

夏バテ解消
ゴーヤー ＋ 豚肉
豚肉に含まれるビタミンB1にはストレスで失われるビタミンCをゴーヤーで補います。

美肌効果
ゴーヤー ＋ 鶏肉
ゴーヤーに含まれるビタミンCが、鶏肉のたんぱく質からのコラーゲン生成を助けます。

疲労回復
ゴーヤー ＋ うなぎ
ゴーヤーに含まれるビタミンC、うなぎに含まれるビタミンAは疲労回復に効果があります。

食品成分表（可食部100gあたり）

エネルギー		17kcal
水分		94.4g
たんぱく質		1.0g
炭水化物		3.9g
灰分		0.6g
無機質	カリウム	260mg
	カルシウム	14mg
	マグネシウム	14mg
	リン	31mg
	鉄	0.4mg
	亜鉛	0.2mg
	マンガン	0.10mg
ビタミン	葉酸	72μg
	C	76mg
食物繊維総量		2.6g

きゅうり

実 Cucumber

豊富に含まれるカリウムが むくみを改善

90％以上が水分で栄養価は高くありませんが、みずみずしさとパリッとした歯ごたえは独特。夏バテなどで食欲がないときにも食べやすい野菜のひとつです。

栄養面で知られているのが、むくみの改善に効果があることです。これは、体内の塩分（ナトリウム）を排泄するカリウムが含まれているためです。むくみのおもな原因は、体内の塩分濃度を保つために体が水分をため込むこと。カリウムをしっかり摂れば、余分な塩分の排泄がされるため、むくみの改善につながるのです。以前は、きゅうりに含まれている酵素がビタミンCを壊すといわれていましたが、実際には酵素によって酸化されたビタミンCも体内でもとの形に戻され、きちんと働くことがわかっています。

皮につく粉はブルーム

皮の表面にある白い粉状のものが、ブルーム。近年これがないブルームレスきゅうりのほうが主流です。ブルームのある品種は、皮がやわらかく食感もよいのに対し、ブルームレスきゅうりは皮がかためで、日もちがよいのが特徴。

皮

保存方法

ポリ袋に入れて冷蔵庫の野菜室に立てておけば、4〜5日は保存可能です。冬場は風通しのよい冷暗所で乾燥に気をつけながら保存しましょう。

効果アップの食べ合わせ

暑気あたりに

きゅうり ＋ なす

どちらも体内の熱をしずめる食材。暑い季節の体調管理を助けてくれます。

むくみ解消

きゅうり ＋ わかめ

ともにカリウムが豊富で、余分な塩分を排泄して体が水をため込むのを防ぐため、むくみの解消につながります。

高血圧予防

きゅうり ＋ たこ

きゅうりには塩分の排出をうながすカリウム、たこには血圧を下げる効果のあるタウリンが含まれます。

食品成分表（可食部100gあたり）

エネルギー	14kcal
水分	95.4g
無機質 カリウム	**200mg**
カルシウム	26mg
マグネシウム	15mg
リン	36mg
ビタミン A β-カロテン当量	330µg
K	34µg
B1	0.03mg
B2	0.03mg
葉酸	25µg
パントテン酸	0.33mg
C	**14mg**
食物繊維総量	1.1g

ズッキーニ

実 Zucchini

おかずのボリュームアップに重宝する低エネルギー食材

特に栄養が豊富な野菜ではありませんが、カリウムの含有量は比較的多めです。カリウムのおもな働きは、余分な塩分を排泄すること。高血圧の予防・改善に役立ちますが、体内にためておけないため、食事から十分に摂る必要があります。カリウム以外では、抗酸化力の高いβカロテンや免疫力を高めるビタミンC、腸の調子を整える食物繊維なども含まれています。

水分が多いため、1本（約150g）あたり約20kcalと低エネルギー。味にくせがないため、炒めものや煮ものなど、さまざまな料理に使えます。薄くスライスすれば生食してもおいしいので、ビタミンCをしっかり摂りたいときは、生のままサラダなどにしてみましょう。

皮
皮の色で味も違います
緑色の品種よりも、黄色の品種の方が皮がやわらかく、サラダなどの生食に向いています。

保存方法
新聞紙で包み、ポリ袋に入れて冷蔵庫の野菜室へ。4〜5日保存可能です。

種
種が育つ前に収穫したものです
ズッキーニは、幼果の段階で収穫するもので、その時期には種が育っていません。大きくなると30cm以上のサイズになります。

食品成分表（可食部100gあたり）

エネルギー		14kcal
水分		94.9g
無機質	カリウム	320mg
	カルシウム	24mg
	マグネシウム	25mg
	リン	37mg
	鉄	0.5mg
ビタミン	A β-カロテン当量	320μg
	K	35μg
	B1	0.05mg
	B2	0.05mg
	ナイアシン	0.4mg
	C	20mg
食物繊維総量		1.3g

効果アップの食べ合わせ

抗酸化力アップ
ナッツに含まれるビタミンEは、ビタミンCといっしょに摂ることで抗酸化作用が持続します。

ズッキーニ ＋ ナッツ

高血圧予防
ズッキーニのカリウム、たこのタウリンが高血圧予防に役立ちます。

ズッキーニ ＋ たこ

とうがらし

Chile pepper / 実

辛み成分にダイエット効果も

ピリッとする辛みは、カプサイシンによるもの。胃液の分泌をうながし、消化吸収を助けて食欲を増進させたり、血行をスムーズにして体を温めたりする効果があります。また、中枢神経を刺激してエネルギー代謝を促進するため、体脂肪が分解されて肥満の予防・改善にも役立ちます。とうがらしそのもののほか、豆板醤やチリソースなど、とうがらしを原料とする調味料にも同様の効果が期待できます。カプサイシンは油に溶けやすいので、炒めものなどに使う場合は、とうがらしを先に炒めておくと辛みや有効成分がしっかり行きわたります。

ビタミンやミネラルも含まれていますが、辛みが強く量を食べられないため、カプサイシン以外の効果はそれほど期待できません。

効果アップの食べ合わせ

ダイエット効果

とうがらし ＋ セロリー

脂肪燃焼効果のあるカプサイシンとセロリーの食物繊維で、ダイエット効果が期待できます。

種 — 辛みは種のまわりに

とうがらしの辛みがつくられるのは、種がついている胎座（たいざ）と呼ばれる白っぽい部分。種に近い部分なので種が辛いと思われているようです。果実全体が辛いと感じるのは、カプサイシンが分散されて付着しているからです。

辛 — 果実が真っ赤に熟すと辛い？

カプサイシンは受粉後2週目～3週目に増加し始めて、ひと月ほどでピークを迎え、その後は徐々に減少していきます。果実が完熟するには受粉後40日ほどかかるので、真っ赤になる直前に含有量が最大となっているようです。

保存方法

ポリ袋に入れ、冷蔵庫の野菜室へ。1週間以内に使いきれない場合は天日に干せば長期保存できます。枝つきのものは枝ごと干します。

食品成分表（可食部100gあたり）

エネルギー		96kcal
水分		75.0g
炭水化物		16.3g
無機質	カリウム	760mg
	マグネシウム	42mg
	リン	71mg
ビタミン	A β-カロテン当量	7700μg
	B1	0.14mg
	B2	0.36mg
	ナイアシン	3.7mg
	B6	1.00mg
	葉酸	41μg
	C	120mg
食物繊維総量		10.3g

実 Sweet green pepper

ししとう

油を使って調理すれば抗酸化作用がアップ

栄養面の特徴は、ビタミンCが豊富に含まれていること。免疫力を高めて風邪などの感染症を予防するほか、たんぱく質からコラーゲンがつくられる働きをサポートしてハリのある肌をつくったり、ストレスの害から体を守ったりする働きもあります。すぐれた抗酸化作用をもつβカロテンも豊富で、さらにビタミンEも含まれているため、ビタミンCとの相乗効果で活性酸素の働きを抑制し、細胞の老化を防ぐ効果も期待できます。βカロテンやビタミンEは、油脂に溶け込んで吸収される成分。ししとうのビタミンCは加熱によって壊れにくいため、炒めものや揚げものなどにすると、有効成分を効率よく摂ることができます。

保存方法
新聞紙で包みポリ袋に入れ、冷蔵庫の野菜室へ。4～5日で使いきれないときは、ヘタを取り、冷凍して保存しましょう。解凍せずにそのまま使います。

種　辛いししとうはなぜできる？
鮮度が落ちたものは、種が黒くなってしまいます。なかにはとうがらしのように辛いものがありますが、受粉時の高温や水分不足などによるストレスで辛みが強くなるようです。

食品成分表（可食部100gあたり）
エネルギー		27kcal
水分		91.4g
たんぱく質		1.9g
炭水化物		5.7g
無機質	マグネシウム	21mg
ビタミン	A　β-カロテン当量	530μg
	B1	0.07mg
	B2	0.07mg
	ナイアシン	1.4mg
	B6	0.39mg
	C	57mg
食物繊維総量		3.6g

効果アップの食べ合わせ　動脈硬化予防
ししとう ＋ 鶏肉

ししとうのβカロテン、ビタミンCには抗酸化作用、鶏肉のたんぱく質にはしなやかな血管をつくる働きがあります。

オクラ

Okra

実

ネバネバ成分が疲れた胃を守ってくれる

ネバネバの正体はムチンとペクチン。ムチンには、胃の粘膜を守ったりタンパク質の消化吸収を助けたり、肝臓や腎臓の機能を高めたりする作用があります。食物繊維の一種であるペクチンは血糖値やコレステロール値の上昇を抑えたり、腸の調子を整えて有害物質の排泄をうながしたりする働きを備えているため、生活習慣病の予防・改善に役立ちます。

すぐれた抗酸化作用をもつβカロテンが豊富な緑黄色野菜で、免疫力を高めるビタミンC、糖質や脂質の代謝にかかわるビタミンB₁、B₂などもたっぷり。健康な骨をつくるのに欠かせないカルシウムやマグネシウム、高血圧の予防・改善に役立つカリウムなどのミネラルも多く含まれています。

一般に流通しているのは、輪切りにすると断面が五角形になる「五角種」。

実　生食もおすすめ

オクラは生でもおいしく食べられ、ビタミンCやB群も効率よく摂ることができます。塩少々をふって板ずりし、表面のうぶ毛を取り除いておくと口当たりもよくなります。

効果アップの食べ合わせ

動脈硬化予防

オクラ ＋ 納豆

納豆のナットウキナーゼが血液をサラサラに。オクラのペクチンが余分な脂質の吸収を抑えて動脈硬化を予防します。

夏バテに

オクラ ＋ 肉類

オクラのムチンが弱った胃腸の粘膜を保護。栄養価の高い肉類の消化・吸収を助けます。

保存方法

水で湿らせたキッチンペーパーで包み、ポリ袋に入れるか、ラップで包んで冷蔵庫の野菜室で保存。劣化が早く日もちはしないので3～4日中に使いきりましょう。

食品成分表（可食部100gあたり）

エネルギー		30kcal
水分		90.2g
無機質	ナトリウム	4mg
	カリウム	260mg
	カルシウム	92mg
	マグネシウム	51mg
	リン	58mg
ビタミン	A　β-カロテン当量	670μg
	K	71μg
	B1	0.09mg
	B2	0.09mg
	葉酸	110μg
	C	11mg
食物繊維総量		5.0g

さやいんげん

実 / Green bean

免疫力アップや疲労回復に

βカロテンが豊富に含まれているため、活性酸素の害から体を守り、肌や粘膜を健康に保つ効果があります。βカロテンの含有量は基準値（100gあたり600μg）以下ですが、トマトなどと同様、一度に食べる量が多いと考えられるため、緑黄色野菜に分類されています。免疫力アップや美肌づくりに役立つビタミンCや、糖質・脂質の代謝に欠かせないビタミンB₁、B₂、腸の働きを整える食物繊維などもたっぷり含まれています。

アミノ酸の一種であるアスパラギン酸やリジンも、注目したい成分。アスパラギン酸はエネルギー代謝にかかわるアスパラギン酸は疲労回復やスタミナ増強に、リジンは肌や血管を丈夫に保ったり肝機能を高めたりするのに役立つといわれています。

皮
皮にふっくらとハリがあるものを

鮮度が下がってくると皮はかたくなり、種が成長し栄養価も下がってきます。

筋

最近では、筋がないものがほとんど。筋がある場合は、両端を少し折り、軽く引っ張って取り除いてから調理します。

保存方法

ラップやポリ袋で包み、冷蔵庫で保存します。3～4日で使いきりましょう。

食品成分表（可食部100gあたり）

エネルギー		23kcal
水分		92.2g
たんぱく質		1.8g
炭水化物		5.1g
無機質	ナトリウム	1mg
	カリウム	260mg
	カルシウム	48mg
	マグネシウム	23mg
ビタミン	A β-カロテン当量	590μg
	K	60μg
	B₁	0.06mg
	B₂	0.11mg
	C	8mg
食物繊維総量		2.4g

効果アップの食べ合わせ

夏バテ予防
さやいんげん ＋ 豚肉

さやいんげんのβカロテンと豚肉のビタミンB₁で夏の疲労を回復。

美肌効果
さやいんげん ＋ トマト

さやいんげんに含まれるβカロテンと、トマトのリコピンには、ともに美肌効果が期待できます。

グリーンピース

実 Green pea

香 子どもが苦手なあのにおいは？

グリーンピースの「青くさいにおい」が苦手な人は少なくありません。その香り成分はヘキサナールという、生の野菜や雑草にも含まれているもの。揮発性なので、少し長めにゆでると減少します。

茹 おいしくゆでるコツは？

鍋に豆を入れ、ひたるくらいの水・塩少々を加えて強火で加熱。沸騰したら中火にして2〜3分でゆで上がりです。コツは火を止めて、「そのまま冷ます」こと。シワのない豆ができあがります。

豊富な食物繊維で体を内側からきれいに

グリーンピースの特徴は、エネルギー源となる糖質や、体の組織の材料となるたんぱく質が豊富なこと。糖質や脂質をエネルギーにかえる働きに欠かせないビタミンB_1、B_2なども含まれています。食物繊維の含有量は、豆類の中ではトップクラス。食物繊維は不溶性食物繊維と水溶性食物繊維に分けられますが、グリーンピースに多く含まれているのは不溶性食物繊維です。水分を吸って腸の中で大きくふくらむため、腸壁を刺激して排泄をスムーズにし、有害物質が体にとどまる時間を短縮します。

同じえんどうの仲間であるさやえんどうと同様、抗酸化作用の高いβカロテンやビタミンCなどもしっかり含まれています。

保存方法

ポリ袋に入れ、冷蔵庫の野菜室で保存。日もちしないため、1〜2日で使いきれない場合は、さやから取り出してゆで、保存袋に重ならないように並べて冷凍しましょう。

効果アップの食べ合わせ

老化防止

グリーンピース ＋ ナッツ

ビタミンB_2には、体内で過酸化脂質の分解を助ける働きも。抗酸化作用の高いビタミンEといっしょに摂れば、より効果的です。

疲労回復

グリーンピース ＋ えび

グリーンピースに含まれるビタミンB群、えびに含まれるタウリンには疲労回復効果があります。

食品成分表（可食部100gあたり）

エネルギー		93kcal
水分		76.5g
たんぱく質		6.9g
炭水化物		15.3g
無機質	カリウム	340mg
	マグネシウム	37mg
	リン	120mg
	鉄	1.7mg
	亜鉛	1.2mg
	銅	0.19mg
	マンガン	0.48mg
ビタミン	B_1	0.39mg
	B_2	0.16mg
	ナイアシン	2.7mg
食物繊維総量		7.7g

実 Field pea

さやえんどう

免疫力アップに役立つビタミンCがたっぷり

さやごと食べるタイプのえんどうの特徴は、ビタミンCが豊富に含まれていること。ビタミンCにはすぐれた抗酸化作用に加え、免疫力を高めて風邪などを予防したり、コラーゲンの生成にかかわって肌や粘膜を強くしたりする働きがあります。体内にためておけず、数時間で排泄されてしまうので、食事からこまめに補給したい栄養素のひとつです。ビタミンCのほか、β-カロテンも豊富。ビタミンEが豊富な植物油やナッツを組み合わせれば、抗酸化作用をより高めることができます。

このほか、糖質の代謝に欠かせないビタミンB1や、腸の調子を整え、さまざまな生活習慣病の予防に効果を発揮する食物繊維も多く含まれています。

莢 えんどう豆のさやを食べる

絹さや、さやえんどうは、「えんどう豆」の未熟なさやを食用とする呼び方。若採りすることで、「さやごと食べる」か、グリーンピースのように「緑色のやわらかい豆の状態で収穫する」かの違いです。

種 小さな種にも栄養が

種子は、リジンなどのアミノ酸が豊富。リジンは体の組織の修復をうながして、成長を助け、肌の組織を整える働きが期待されます。

保存方法

乾燥に弱いので、湿らせた新聞紙などで包んでポリ袋に入れ、冷蔵庫の野菜室で保存しましょう。

効果アップの食べ合わせ

美肌効果

ビタミンCをたっぷり含むさやえんどうと、卵の良質なたんぱく質を組み合わせて美しい肌を保ちます。

さやえんどう + 卵

疲労回復

さやえんどうに含まれるビタミンC、うめのクエン酸には疲労回復効果が期待できます。

さやえんどう + うめ

食品成分表（可食部100gあたり）

エネルギー		36kcal
水分		88.6g
たんぱく質		3.1g
炭水化物		7.5g
無機質	カリウム	200mg
	カルシウム	35mg
	マグネシウム	24mg
	リン	63mg
ビタミン	A β-カロテン当量	560μg
	B1	0.15mg
	ナイアシン	0.8mg
	葉酸	73μg
	C	60mg
食物繊維総量		3.0g

実 Green soybean

えだまめ

保存方法
鮮度が落ちやすいため、できるだけ早く使いきりましょう。保存する場合、さやつきのものはポリ袋に入れて冷蔵庫の野菜室で。

体をつくるたんぱく質も豊富

体の組織の材料となるたんぱく質やエネルギー源となる糖質が豊富。各種のビタミン、ミネラルも含まれている栄養価の高い野菜です。

えだまめには、大豆イソフラボンのほか、大豆サポニンなどの特有成分が含まれています。大豆イソフラボンの特徴は、女性ホルモンと似た働きをすること。大豆サポニンには高い抗酸化作用があるうえ、血圧やコレステロール値を下げたり、肥満を予防・改善したりするのに役立ちます。また、脂質の一種であるレシチンも注目したい成分です。コレステロール値の低下や肥満の予防・改善効果に加え、神経伝達物質の合成を助けて記憶力や集中力を高める働きもあります。

味 鮮度が味を左右する
収穫後は、ビタミンも糖度も減少します。早めに食べることが、おいしく食べる最大のポイントです。

豆 茶豆系種は色が濃い
香りが強く、少し色の濃い茶豆の品種が人気です。アミノ酸の一種「アラニン」を普通のえだまめより多く含むので、うまみを強く感じます。

知っておきたい健康ワード

フラボノイド

効果と機能

フラボノイドは、ポリフェノールの一種で、ブドウやブルーベリーで知られるアントシアニンも同じ仲間です。フラボノイド系の化合物の多くには生活習慣病予防効果や老化防止作用などが報告されています。

主な食材

緑茶／かんきつ類／たまねぎ／にら／ブドウ／アスパラガス／レタス／キャベツ／ピーマン／セロリー

栄 冷凍えだまめの栄養は？

えだまめは冷凍食品として、おいしいものを一年中食べることができます。冷凍もののはゆでた後、栄養成分が失われないように急速冷凍しているため、生のえだまめと栄養価はほとんどかわりません。

効 ビールのつまみにベストな野菜

えだまめには、ビタミンB₁、B₂、B₆、ナイアシンなどのビタミンB群やたんぱく質が豊富に含まれています。お酒を飲むと、肝臓で大量のビタミンB群が消費されるため、おつまみから補給するのが正解。また、たんぱく質は、アルコールの分解をうながすためにも役立ちます。さらに利尿作用のあるカリウムを多く含んでいるため、ナトリウム（塩分）の排出をうながし、むくみの解消にも効果的に働きます。

高血圧予防

女性ホルモンの不足は、骨粗鬆症の原因に。大豆イソフラボンで女性ホルモンの働きを補い、さらにしらすで骨の材料となるカルシウムも補いましょう。

効果アップの食べ合わせ

えだまめ ＋ しらす

食品成分表（可食部100gあたり）

エネルギー		135kcal
水分		71.7g
たんぱく質		**11.7g**
脂質		6.2g
炭水化物		8.8g
灰分		1.6g
無機質	**カリウム**	**590mg**
	カルシウム	58mg
	鉄	2.7mg
ビタミン	B₁	0.31mg
	B₂	0.15mg
	ナイアシン	1.6mg
	葉酸	**320μg**
	C	27mg
食物繊維総量		5.0g

「抗酸化作用」って、どんな作用？

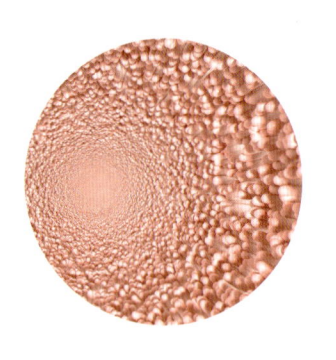

健康な細胞まで傷つける活性酸素

健康づくりに役立つ栄養素や成分について説明する際、必ず登場するのが「抗酸化作用」という言葉。老化防止につながる仕組みを、少しくわしく知っておきましょう。

呼吸で体内にとり入れた酸素は、体内でエネルギーをつくり出すために使われますが、その際、ごく一部が「活性酸素」にかわります。活性酸素にはウイルスや細菌などの異物を撃退する働きがあり、病気から体を守るためには欠かせない成分です。ただしその一方で、過剰に発生すると、健康な細胞まで傷つけてしまうという欠点があるのです。活性酸素の特徴は、物質を酸化させる力が強いこと。酸化とは、物質が酸素と結びついて別の物質にかわることをいいます。たとえば、金属につくサビの正体は、鉄と空気中の酸素が結びついた「酸化鉄」です。同様のことは体内でも起こっており、活性酸素によって酸化されると、鉄がサビるように、たんぱく質や脂質、DNAなどに変性が起こります。その結果、老化が進んだり、病気のリスクが高まったりするのです。

活性酸素の害から体を守る抗酸化物質

活性酸素の害から身を守るため、人の体内では、活性酸素を害の少ない物質にかえる働きをもつ酵素や金属（総称してスカベンジャーと呼ばれる）がつくられています。こうした酵素の作用は、細胞が酸化されるのを防ぐことから、「抗酸化作用」と呼ばれています。

食品に含まれる栄養素や成分のなかにも、スカベンジャーと同様の機能をもつもの（抗酸化物質）があります。その代表が、βカロテン、ビタミンCやE、各種のフィトケミカル（植物の色素やアクなどの成分）など。抗酸化物質は、無害化できる活性酸素の種類や働ける場所がそれぞれ異なります。また、数種類をいっしょに摂ると互いの働きを補い合うなどして、抗酸化作用が高まることもわかっています。健康維持のためには、さまざまな食品から多くの種類の抗酸化物質を摂るのが理想です。

果物

果 Strawberry

いちご

実 ガクが大きく甘くなったもの

いちごの種と呼ばれている小さなツブツブは、痩果という果肉のない果実。食べている赤い部分は花托と呼ばれ、花のガク・花冠・雄しべ・雌しべなどをつける台で、クッションの役目をする部分が大きくなったものです。

抗酸化物質もたっぷり含む

免疫力を高め、活性酸素の害から体を守るビタミンCが豊富なため、風邪などの感染症の予防や老化防止効果などが期待できます。食物繊維の一種であるペクチンもたっぷり。腸の働きを整えるのはもちろん、糖質の吸収を緩やかにしたりコレステロールの排泄をうながしたりすることで、生活習慣病の予防にも役立ちます。色素の成分であるアントシアニンなどが流れ出てしまうので注意しましょう。

ニンにはすぐれた抗酸化作用があるほか、目の健康を守るためにも役立ちます。

いちごはヘタをつけたまま、食べる直前にさっと洗います。ヘタを取ってから洗ったり長時間水につけておいたりすると、水溶性であるビタミンCやペクチン、アントシアニンなどが流れ出てしまうので注意しましょう。

保存方法

あまり日もちしないので、早めに食べましょう。パックの中に傷んだものがあったら取り除き、残りのものもパックから出してラップで包んだり、ポリ袋に入れたりして冷蔵庫で保存しましょう。

糖 先のほうが一番甘い

いちごは、軸に近い部分より、先端のほうが糖度が高く、果肉の中心よりも表面の方が甘いとされています。

知っておきたい健康ワード

ビタミンC

効果と機能

ビタミンCは、たんぱく質からコラーゲンが合成される際に欠かせない栄養素。コラーゲンは接着剤のように細胞と細胞を結合させることで、丈夫な血管や筋肉などをつくる役割を果たしています。また、白血球の働きを高めるなどして免疫力をアップする、活性酸素の害から体を守る、ストレスによって引き起こされる心身の不調を防ぐ、シミなどの原因となるメラニン色素の生成を抑える、などの働きもあります。

主な食材

赤ピーマン／黄ピーマン／あまのり／干しのり／芽キャベツ／ゆず果皮／なばな（東洋種）／ブロッコリー／レモン／なばな（西洋種）

効 葉酸は果物からも摂取できます

葉酸は細胞分裂が行われる際に必要な成分で、特に妊婦には欠かせない栄養素です。葉酸を多く摂取している人は認知症になりにくいとの調査結果もあり、今後の研究成果が期待されます。

食 いちごとヨーグルト

いちごにはビタミンCやカリウム以外のミネラルは少ないので、βクリプトキサンチンが豊富なみかんと合わせたり、ヨーグルトといっしょに食べてカルシウムを補う方法もおすすめ。

食品成分表 (可食部100gあたり)

エネルギー		34kcal
水分		90.0g
たんぱく質		0.9g
炭水化物		8.5g
無機質	カリウム	170mg
	カルシウム	17mg
	マグネシウム	13mg
	鉄	0.3mg
	亜鉛	0.2mg
ビタミン	B1	0.03mg
	B2	0.02mg
	B6	0.04mg
	葉酸	90μg
	C	62mg
食物繊維総量		1.4g

効果アップの食べ合わせ

美肌効果
いちご ＋ ヨーグルト
いちごのビタミンCとヨーグルトのたんぱく質でハリのある肌をつくる。

貧血予防
いちご ＋ 牛肉
いちごのビタミンCで、肉に含まれる鉄の吸収率アップ。

老化防止
いちご ＋ アーモンド
いちごのビタミンC、アーモンドのビタミンEは抗酸化力が強く、老化防止に役立ちます。

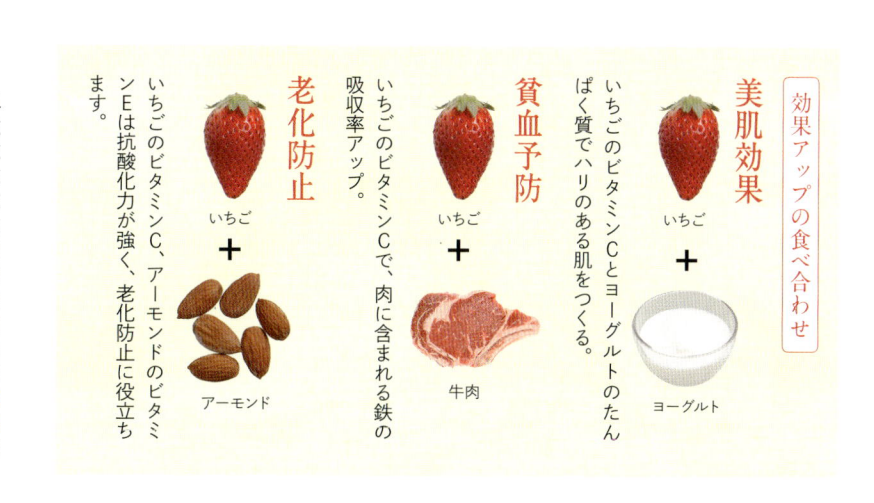

アセロラ

Acerola 果

天然ビタミンCの宝庫
驚異の美肌フルーツ

ビタミンCを多く含む果物として知られていますが、日本では生の果実はあまり出回っておらず、ジュースなどに加工されたものが中心です。

ビタミンCのおもな働きは、免疫力アップや、体を活性酸素やストレスの害から守る作用など。たんぱく質といっしょに摂ればビタミンCの働きでコラーゲンの生成が活発になるため、美肌効果も期待できます。

βカロテンやビタミンEも含まれているため、ビタミンCとの相乗効果で、抗酸化作用がさらにアップ。色素の成分であるアントシアニンにも、強い抗酸化力があります。塩分の排泄をうながして高血圧やむくみの予防に役立つカリウムや造血効果のある葉酸なども含まれています。

実　国内産の生の果実も沖縄で栽培

直径が2cm前後と小さな果実。まだまだ流通量はごくわずかです。国内では沖縄本島で栽培され、2008年の出荷量は約64トンです。

保存方法

生のアセロラは冷蔵庫で保存します。2〜3日程度で傷み始めたため、食べきれない分はよく水洗いしてすぐに冷凍保存しましょう。

実　生ジュースがおすすめ

ビタミンCは熱に弱いため、熱を加えずに搾るのがおすすめです。また、ポリフェノールも酸化しやすいのですが、市販のジュース類には還元剤などの添加物が入っているぶん、生ジュースと比べて差はないと考えられます。

栄　毎日の習慣にするとビタミンCが補える

アセロラに豊富に含まれるビタミンCやポリフェノールは、水溶性であるため、一度にたくさん摂っても、一定量以上は吸収されません。飲みやすいジュースなどで、毎日こまめに摂るとよいでしょう。

食品成分表（可食部100gあたり）

エネルギー		36kcal
水分		89.9g
たんぱく質		0.7g
炭水化物		9.0g
無機質	カリウム	130mg
	カルシウム	11mg
	リン	18mg
	鉄	0.5mg
	銅	0.31mg
ビタミン	A　β-カロテン当量	370μg
	B1	0.03mg
	B2	0.04mg
	C	1700mg
食物繊維総量		1.9g

キウイフルーツ

ビタミンCに加え消化を促進する成分も

栄養面の特徴は、ビタミンCが豊富なこと。免疫力を高めて風邪などを予防するほか、老化防止やストレス対策、美肌づくりなどにも役立ちます。余分な塩分の排泄をうながすことで高血圧の予防・改善に効果が期待できるカリウムや、腸の働きを整え、血糖値やコレステロール値の上昇を抑える食物繊維も多く含まれています。

キウイフルーツを食べると、口の中や舌にピリッとするような刺激を感じることがあります。これは、果実にアクチニジンが含まれるため。アクチニジンにはたんぱく質を分解する働きがあるため、加熱前の肉をキウイフルーツの果汁に漬けておくと、肉質をやわらかくすることができます。

保存方法

かたくて未熟なものは常温で追熟させる必要があります。指で軽く押して弾力を感じれば食べ頃です。

実

りんごといっしょに熟すことも

未熟なものは、りんごといっしょにポリ袋に入れておくと、熟すのが早まります。

知っておきたい健康ワード

アクチニジン

効果と機能

おもにキウイフルーツに含まれるたんぱく質分解酵素。たんぱく質の消化を促進し、小腸での吸収率を高めるのに役立ちます。

食品成分表（可食部100gあたり）

エネルギー		53kcal
水分		84.7g
炭水化物		13.5g
無機質	**カリウム**	**290mg**
	カルシウム	33mg
	マグネシウム	13mg
	リン	32mg
	鉄	0.3mg
	銅	0.11mg
ビタミン	A β-カロテン当量	66μg
	B6	0.12mg
	E	1.3mg
	C	**69mg**
食物繊維総量		2.5g

アボカド

体によい脂質を豊富に含む

脂質が多く、味わいが濃厚で栄養豊富なことから「森のバター」などと呼ばれることもあります。果肉のおよそ20％が脂質ですが、アボカドの脂質は、おもにオレイン酸。コレステロール値や中性脂肪値を下げる不飽和脂肪酸の一種なので、生活習慣病を予防する効果が期待できます。また、高い抗酸化力をもつビタミンEも多く含まれています。アボカドを切ると果肉が酸化して変色しますが、これを防ぐためにはレモン果汁をかけておくのが有効。レモン果汁に含まれるビタミンCにはビタミンEの抗酸化力を持続させる作用があるので、栄養面でもよい組み合わせといえます。このほか、ビタミンB2や食物繊維、グルタチオンなども多く含まれています。

保存方法

熟した果実は、ポリ袋などに入れ冷蔵庫で保存しましょう。ただし、長時間冷やすと味が落ちてしまうので注意。未熟な果実は室温で追熟させましょう。

実　水溶性食物繊維がたっぷり

アボカド1個には、ごぼう1本と同じくらいの食物繊維が含まれるので、整腸作用も期待できます。

脂　血液サラサラ効果も

不飽和脂肪酸（オレイン酸）がたっぷり。血液をサラサラにして、血中の悪玉コレステロールを減らし、動脈硬化を予防する効果などが期待できます。

知っておきたい健康ワード
グルタチオン

効果と機能
グルタチオンは、人の細胞にも含まれている物質。すぐれた抗酸化作用があるため、老化防止などに効果的です。肝臓で有害物質を解毒する際にも使われるため、しっかり摂ることで肝機能アップが期待できます。

食 アボカドオイル
アボカドの果肉から採れる油で、ビタミンE、ビタミンB群が豊富。老化防止効果や疲労回復効果が期待できます。きれいな緑色で、盛り付け時に回しかけるだけで料理が華やぎます。加熱にも生食にも使用可能。

効 1日半個
ヘルシー食材として人気ですが、高エネルギーなので、1日半個ほどが適量でしょう。

半熟卵とアボカドのサラダ

材料（2人分）
卵…1個
たまねぎ…1/2個
アボカド…1個
A　レモン汁…1/2個分
　　すりごま（白）…大さじ1
　　マヨネーズ…大さじ1
　　牛乳…大さじ1/2
塩・粒こしょう…各少々
パセリ…少々

作り方
1. 卵は水から8分ゆで、半熟卵をつくる。たまねぎはみじん切りにし、水にさらす。
2. アボカドは皮と種を除いて2cm角に切り、レモン汁をまぶす。
3. Aを混ぜ合わせて、2、水気をきったたまねぎを加え、さっとあえる。
4. 3を皿に盛り、半分に切った卵をのせ、刻んだパセリ、塩、こしょうをふる。

食品成分表（可食部100gあたり）

エネルギー		187kcal
水分		71.3g
たんぱく質		2.5g
脂質		18.7g
炭水化物		6.2g
無機質	カリウム	720mg
	リン	55mg
	鉄	0.7mg
ビタミン	B1	0.10mg
	B2	0.21mg
	B6	0.32mg
	葉酸	84μg
	パントテン酸	1.65mg
	C	15mg
食物繊維総量		5.3g

効果アップの食べ合わせ

動脈硬化予防
アボカド ＋ レモン
アボカドのビタミンEとC、レモンのビタミンCが抗酸化力を発揮。レモンはアボカドの色止めにも使えます。

疲労回復
アボカド ＋ たまねぎ
アボカドに含まれるビタミンB群、玉ねぎに含まれるアリシンは、どちらも疲労回復に役立ちます。

美肌効果
アボカド ＋ 卵
アボカドに含まれるビタミンB群、卵に含まれる良質なたんぱく質には疲労回復効果があります。

果 Persimmon

かき

渋みの成分が二日酔いの予防にも効く

オレンジ色の果肉には、βカロテンに加えてβクリプトキサンチンという色素成分が含まれています。どちらも活性酸素から体を守る抗酸化成分ですが、βクリプトキサンチンにはβカロテンの数倍ともいわれる抗酸化力があるうえ、骨粗鬆症や糖尿病を予防する効果も期待できます。

かきの渋みは、タンニンによるものです。タンニンにはすぐれた抗酸化力があり、老化防止や生活習慣病の予防に有効です。さらに、アルコールが分解する過程で生じるアセトアルデヒドを分解する働きもあるため、二日酔いの予防にもよいといわれています。ビタミンCも多いため、風邪などの感染症の予防や美肌づくりにも。腸の調子を整え、血糖値やコレステロール値の上昇を抑える食物繊維も豊富です。

葉
みかんより多いビタミンC

かきの葉にも、みかんの30倍といわれるほどのビタミンCが含まれており、お茶としても利用されてきました。免疫力向上や動脈硬化防止、貧血、糖尿病予防などに効果が期待されています。関西には葉の香りと殺菌力をいかした「柿の葉寿司」があります。

保存方法
ポリ袋に入れて、冷蔵庫の野菜室で保存すれば、1週間ほどもちます。

知っておきたい健康ワード
β-クリプトキサンチン

効果と機能

高い抗酸化力があり、活性酸素の除去に役立ちます。また、脂質代謝の改善や骨粗鬆症の予防効果が期待できます。2015年から始まった食品の機能性表示において、はじめて農産物での表示が認められるなど注目度の高い機能成分です。さらに、がん予防の効果も期待されています。

気になる食べ合わせ
ストレス予防

かき + だいこん

かきとだいこんには、ストレス予防に効果のあるビタミンCが含まれています。あえものなどがおすすめです。

食品成分表（可食部100gあたり）

エネルギー		60kcal
水分		83.1g
たんぱく質		0.4g
炭水化物		15.9g
無機質	カリウム	170mg
	リン	14mg
	マンガン	0.5mg
ビタミン	A β-カロテン当量	420μg
	B1	0.03mg
	B2	0.02mg
	ナイアシン	0.3mg
	B6	0.06mg
	C	**70mg**
食物繊維総量		1.6g

プルーン

貧血予防に役立つ鉄の手軽な補給源

最近では生のものも流通するようになりましたが、皮ごと乾燥させたドライフルーツのほうが一般的です。栄養面で注目したいのは、鉄が豊富なこと。鉄は全身の細胞に酸素を運ぶために欠かせないミネラルで、不足すると貧血になります。プルーンに含まれる鉄の量はレバーなどの動物性食品には劣りますが、手軽に食べられるので、こまめに鉄を補給するためには有効です。

鉄以外では、老化防止に有効なβカロテン、高血圧やむくみの予防・改善に役立つカリウム、腸の調子を整え、生活習慣病を予防する食物繊維なども多く含まれています。また、皮に含まれるポリフェノールの一種・アントシアニンにもすぐれた抗酸化作用があり、目の健康維持にも役立ちます。

繊 ドライフルーツも効果的

プルーンはペクチン（水溶性食物繊維）が豊富。食後の血糖値の急激な上昇や、コレステロールの吸収を抑制する作用があるので、生活習慣病の予防効果なども期待できます。

栄 貧血予防だけでなく生活習慣病予防にも

プルーンに多く含まれる「ネオクロロゲン酸」という抗酸化物質には、動脈硬化を予防する働きなどが期待されています。

効果アップの食べ合わせ 吸収率アップ

レモンのビタミンCはプルーンに豊富に含まれる鉄の吸収を助けます。

プルーン ＋ レモン

保存方法

生のものは冷蔵庫の野菜室で保存し、早めに食べきりましょう。実がかたいものは、直射日光の当たらない涼しい場所でポリ袋に入れて追熟させましょう。

食品成分表（可食部100gあたり）

エネルギー		49kcal
水分		86.2g
たんぱく質		0.7g
炭水化物		12.6g
無機質	カリウム	220mg
	リン	14mg
	鉄	0.2mg
ビタミン	A β-カロテン当量	480μg
	B1	0.03mg
	B2	0.03mg
	ナイアシン	0.5mg
	B6	0.06mg
	C	4mg
食物繊維総量		1.9g

果 Apple

りんご

カリウムや食物繊維が生活習慣病を遠ざける

欧米では「1日1個のりんごが医者を遠ざける」といわれ、日本でも体によい果物として知られています。そのおもな理由は、りんごにカリウムや食物繊維が多く含まれているためでしょう。カリウムには余分な塩分の排泄をうながす作用があるため、高血圧の予防に役立ちます。また、りんごに多く含まれる食物繊維のペクチンは、腸内の善玉菌を増やして腸の働きを整えるほか、コレステロール値や血糖値の上昇を抑えて動脈硬化や糖尿病などの生活習慣病を予防・改善する働きも備えています。

酸味のもとは、リンゴ酸、クエン酸などの有機酸。皮が赤い品種には、皮の部分に、すぐれた抗酸化作用をもつアントシアニンも含まれています。

保存方法

温度の安定している涼しい場所に保存しましょう。りんごから発生する植物ホルモンのエチレンは、ほかの野菜や果物の追熟や発芽を促進させるので、冷蔵庫に入れる場合はポリ袋などに入れ、口をしっかりしめて保存しましょう。

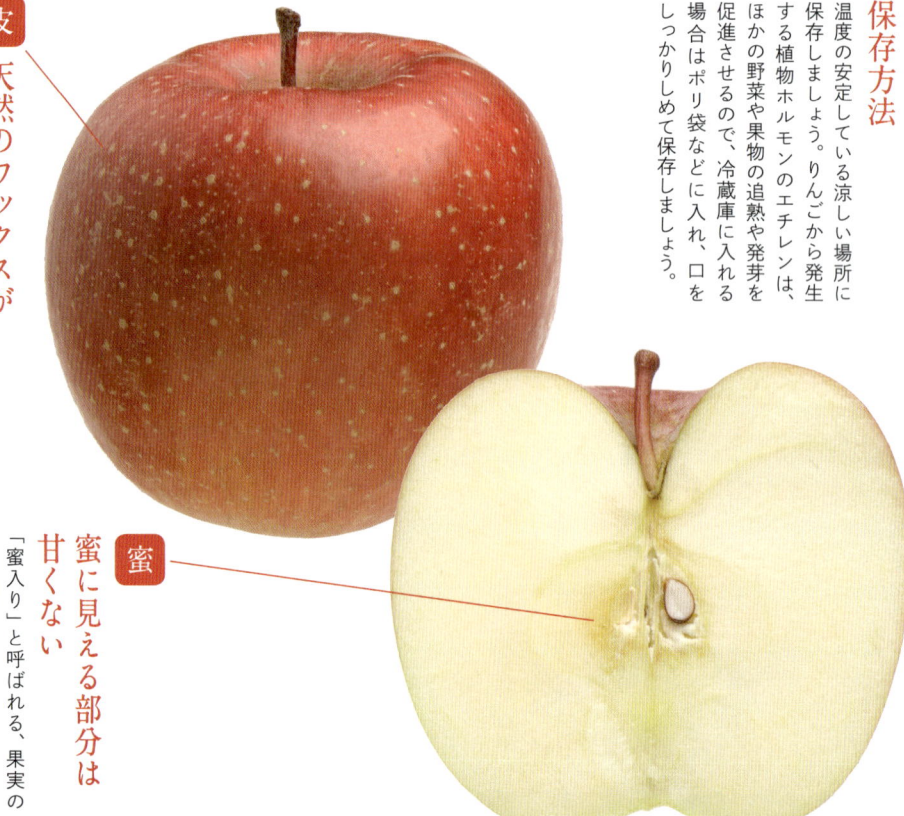

皮 天然のワックスがおいしいしるし

皮がワックスをかけたように光るのは、りんご自体から出る天然成分のため。これは「油あがり」と呼ばれ、完熟したしるしです。

蜜 蜜に見える部分は甘くない

「蜜入り」と呼ばれる、果実の半透明部分は、「ソルビトール（糖質アルコール）」。それ自体はショ糖や果糖の半分ほどの甘さしかないので、その部分が甘いわけではありません。

56

知っておきたい健康ワード

リンゴポリフェノール

効果と機能

りんごに含まれるポリフェノールを称してリンゴポリフェノールといいます。その主成分はプロシアニジンと呼ばれ、カテキンが結びついてできたものです。最近の研究によって脂肪の消化吸収抑制効果や疲労軽減効果のあることがわかってきました。また、抗酸化作用をベースとする老化防止効果のあることも明らかになっています。

[効] 皮ごと食べても安全？

りんごの栽培には、殺菌剤（農薬）が必要ですが、これは梅雨前後の高温多湿の時期で、実がついてから農薬を散布することはめったにありません。最近では、出荷前の残留農薬の基準が定められているため、健康への影響を心配することはないでしょう。

[栄] 皮には1/3の栄養が

皮には、食物繊維やアントシアニンなどが含まれています。皮を捨ててしまうと果実全体の栄養の1/3を失っていることになるそうです。

食品成分表（可食部100gあたり）

エネルギー		61kcal
水分		83.1g
たんぱく質		0.2g
脂質		0.3g
炭水化物		16.2g
灰分		0.2g
無機質	カリウム	120mg
	カルシウム	4mg
	マグネシウム	5mg
	リン	12mg
ビタミン	B1	0.02mg
	ナイアシン	0.1mg
	B6	0.04mg
	C	6mg
食物繊維総量		1.9g

効果アップの食べ合わせ

高血圧予防
りんご ＋ 豚肉
りんごのカリウムは血圧を下げ、豚肉のたんぱく質は血管をしなやかに保ちます。

老化防止
りんご ＋ トマト
りんごにはポリフェノール、トマトにはリコピンが豊富。どちらにも抗酸化作用があるので老化予防に。

便通を整える
りんご ＋ ヨーグルト
りんごに含まれるペクチン、ヨーグルトの乳酸菌が腸内環境を改善します。

ブルーベリー

アントシアニンが目の疲労感を軽減

目によい果物として知られているのは、アントシアニンが豊富に含まれているため。目の奥にある網膜には、光の刺激を脳に伝えるロドプシン（視紅）という紫色の色素たんぱく質があります。ロドプシンは脳に信号を伝えると分解され、その後、再合成されます。ただし、目を使いすぎると再合成が追いつかなくなるため、目がかすむなどの症状が現れます。アントシアニンはロドプシンの再合成を活発にするため、疲れ目の予防・改善に役立ちます。

さらに、活性酸素の害から体を守る、肝機能を改善する、血圧の上昇を抑える、などの働きもあります。

皮や種も食べられるブルーベリーは、食物繊維の補給源としても優秀。抗酸化作用のあるビタミンEも含まれています。

保存方法

冷蔵庫で保存し、なるべく早く食べるようにしましょう。ジャムやドレッシングなどに加工したり、冷凍保存すると便利です。

冷 冷凍ブルーベリーで栄養価アップ

冷凍したもののほうがアントシアニンの数値が高くなったという研究結果があり、冷凍することでより高い栄養素を一年中補給できることになりそうです。

品 ブルーベリーとビルベリー

スカンジナビア半島から北ヨーロッパにかけて広く自生している「ビルベリー」は、栽培種のブルーベリーより小粒です。アントシアニンの含有量はブルーベリーの約3倍に。欧米では、ビルベリーが医薬品、健康食品として認められています。

知っておきたい健康ワード

アントシアニン

効果と機能

青紫色の色素の成分で、ポリフェノールの一種。ブルーベリーのほか、なすや赤じそなどにも含まれています。活性酸素の害から体を守る抗酸化力に加え、光の刺激を目から脳に伝える色素（ロドプシン）の合成をうながして疲れ目を予防・改善する働きも。さらに、高血圧の予防や肝機能の改善にも役立ちます。紫キャベツや紫いもにも多く含まれます。

主な食材

ビルベリー／紅いも／黒大豆／しそ／ブルーベリー／カシス／プルーン／レッドオニオン／ブドウ／赤ワイン

[効] ヨーグルトと合わせて整腸効果大

腸の動きを活発にする食物繊維と、腸内環境を改善する乳酸菌などの善玉菌の組み合わせは、女性に多い便秘を予防・改善するのに役立ちます。

ブルーベリーバルサミコ酢ドレッシング

材料（約300mℓ分）
ブルーベリー…80g
バルサミコ酢…大さじ1½
白ワインビネガー
　（またはりんご酢）…大さじ1
レモン汁…大さじ3
オリーブ油…70mℓ
しょうがのしぼり汁…小さじ1
にんにくのすりおろし…1かけ分
黒こしょう…少々
塩…小さじ1

作り方
1. 塩とオリーブ油以外の材料をミキサーに入れて撹拌し、オリーブ油を加えてさらに撹拌する。
2. 塩を少しずつ加え、好みの塩加減に調整する。

[栄] 加熱したジャムの栄養は？

加熱してもアントシアニンの効果がなくなることはほとんどありませんが、加熱に弱いビタミンCなどの作用は低下してしまいます。また、アントシアニンは水溶性で、アルコールによって吸収率を高めることができるので、ワイン煮や果実酒にするのもよいでしょう。

食品成分表（可食部100gあたり）

エネルギー		49kcal
水分		86.4g
炭水化物		12.9g
無機質	カリウム	70mg
	カルシウム	8mg
	リン	9mg
	鉄	0.2mg
ビタミン	A β-カロテン当量	55μg
	E	1.7mg
	B1	0.03mg
	B2	0.03mg
	B6	0.05mg
	C	9mg
食物繊維総量		3.3g

効果アップの食べ合わせ

美肌効果  
ブルーベリー ＋ ヨーグルト
ブルーベリーのビタミンCが、ヨーグルトのたんぱく質からハリのある肌をつくる働きを助けます。

整腸作用  
ブルーベリー ＋ 寒天
食物繊維が豊富なブルーベリーと寒天をゼリーにすれば、高い整腸作用が期待できます。

動脈硬化予防  
ブルーベリー ＋ ナッツ
ブルーベリーもナッツも、細胞の老化を防ぐビタミンEが豊富。いっしょに摂ることで効果はさらにアップします。

果 Lemon

レモン

酸味の成分で疲労回復＆食欲増進

ビタミンCの量を示す際、「レモン何個分」と表現されることからもわかる通り、ビタミンCを豊富に含む果物です。ビタミンCは抗酸化力が強く、免疫力を高めて風邪などの感染症を防ぐほか、老化防止にも有効。シミやそばかすのもととなるメラニン色素の生成を抑え、たんぱく質からコラーゲンがつくられる働きを活発にするため、美肌をつくる効果も見逃せません。抗酸化力アップのためならβカロテンやビタミンE、美肌効果をねらうならたんぱく質が豊富な食材と組み合わせるのがおすすめです。

酸味のもとであるクエン酸は、疲労回復や食欲増進に有効。高血圧の予防に役立つカリウムも含まれています。

知っておきたい健康ワード
クエン酸

効果と機能

クエン酸には体内でエネルギーをつくり出すサイクルを活発にする働きがあるため、疲労回復に役立ちます。また、鉄やカルシウムなど、体に吸収されにくいミネラルを水に溶けやすい形にかえ、吸収率を高める役割も果たしています。

主な食材

グレープフルーツ／いちご／パイナップル／キウイ／うめ／酢／ローズヒップ／ハイビスカス

保存方法

風通しがよく涼しい場所で保存しましょう。長期保存する場合はポリ袋に入れて冷蔵庫の野菜室で保存します。

効果アップの食べ合わせ

貧血予防

レモン ＋ カキ

カキには、吸収率の高い動物性の鉄が豊富。鉄の吸収を高めるビタミンCを組み合わせれば、貧血予防効果がアップします。

食品成分表（可食部100gあたり）

エネルギー		54cal
水分		85.3g
たんぱく質		0.9g
脂質		0.7g
炭水化物		12.5g
無機質	カリウム	130mg
	カルシウム	67mg
	鉄	0.2mg
ビタミン	B1	0.07mg
	B2	0.07mg
	ナイアシン	0.2mg
	B6	0.08mg
	パントテン酸	0.39mg
	C	100mg
食物繊維総量		4.9g

グレープフルーツ

ダイエット中やリフレッシュしたいときに

免疫力アップや老化防止、美肌づくりなどに役立つビタミンCが豊富。果物の中では糖質が少ないため、ダイエット中にもおすすめです。独特の苦みは、ポリフェノールの一種であるナリンギンによるもの。ナリンギンには抗酸化作用に加え、血液中の中性脂肪を分解する働きがあるため、脂質異常症や肥満の予防・改善にも効果が期待できます。ただし、高血圧などの治療薬の効果に影響を及ぼすことがあるので、薬を服用している場合は要注意です。

香り成分のリモネンは、気分をリフレッシュさせるのに有効。さらに、交感神経を活性化してエネルギー消費を高めたり、脂肪の代謝を活発にしたりする働きもあるといわれています。

栄 グレープフルーツと心臓

グレープフルーツにはビタミンCとともに、カリウムも豊富。カリウムは筋肉の正常な収縮を助けるため、ビタミンCの血管強化作用との相乗効果で心臓の働きを助ける効果も期待できます。

保存方法

風通しがよく涼しい場所で保存しましょう。長期保存する場合はポリ袋に入れて冷蔵庫の野菜室で保存します。

食品成分表 (可食部100gあたり)

エネルギー		38kcal
水分		89.0g
たんぱく質		0.9g
炭水化物		9.6g
灰分		0.4g
無機質	カリウム	140mg
	カルシウム	15mg
	リン	17mg
	銅	0.04mg
ビタミン	B1	0.07mg
	B2	0.03mg
	ナイアシン	0.3mg
	B6	0.04mg
	C	36mg
食物繊維総量		0.6g

効果アップの食べ合わせ

美肌効果

グレープフルーツ ＋ 肉類

ビタミンCは、たんぱく質から肌のハリのもととなるコラーゲンがつくられる働きをサポートします。

精神安定

グレープフルーツ ＋ ヨーグルト

ヨーグルトに含まれるカルシウムがイライラを鎮め、グレープフルーツの香りが気分をリフレッシュさせます。

うめ

果 Ume

疲労回復に役立つ有機酸が豊富

強い酸味のもとは、クエン酸やリンゴ酸。酸味による刺激で、だ液や胃液の分泌量を増やして食欲を増進させるほか、体内で発生する疲労物質と結合してエネルギーをつくり出すサイクルを活発にする働きがあるため、疲労回復にも有効です。また、クエン酸には、鉄やカルシウムなど、体に吸収されにくいミネラルを水に溶けやすい形にかえ、吸収率を高める働きがあります。そのため、鉄、カルシウムなどを多く含む食品といっしょに摂ることで、貧血を予防したり、丈夫な骨や歯をつくったりする働きを高めることができます。

このほか、生活習慣病予防に役立つ食物繊維、高血圧やむくみ対策に有効なカリウムなども含まれています。

種 種の中の天神様

種の中の部分を「仁（にん・じん）」と呼びます。あんずの仁を使ったお菓子が杏仁豆腐。中国では薬効があるとされています。青い実には、仁にもアミグダリンが含まれるので、注意が必要です。

毒 生の青うめは加工すれば安全

青うめには、アミグダリンという物質が含まれます。これ自体は毒ではありませんが、体内で青酸を発生させて中毒症状を起こす可能性があります。アミグダリンは熟したり加工されたりすることで減少し、安全に食べられるようになります。

栄 カルシウムの吸収を助ける

クエン酸には、カルシウムや鉄の吸収をうながし、カルシウムが骨から出ていくのを防ぐなどの働きがあるといわれています。カルシウム吸収率は年齢とともに低下していくので、効果的に摂取する食事を考えることも大切です。

保存方法

うめは生では食べられないので、新鮮なうちにうめ干しやうめ酒などに加工しましょう。すぐに加工できない場合は常温の冷暗所で保存します。

知っておきたい健康ワード

梅リグナン

効果と機能

うめに含まれる「梅リグナン」には、細胞の老化を防ぐ抗酸化作用に加え、抗炎症作用や抗ウイルス作用があることがわかっています。また、胃の粘膜に住みついて胃がんなどの原因にもなるピロリ菌の動きを止め、死滅させる働きがあることから、胃の病気を予防する効果も期待されています。

贅沢にうめを入れた大人のデザート

うめ酒ゼリー

材料
うめ酒のうめ…2個
粉寒天…2g
水…120㎖
はちみつ…大さじ2
うめ酒…120㎖
レモン汁…小さじ1

作り方（2人分）
1. うめ酒のうめは種を取り、粗みじん切りにする。
2. 鍋に粉寒天、水を入れて混ぜ、中火にかけて1分ほど煮立てる。はちみつを加えて混ぜ、うめ酒、レモン汁を加えて混ぜ合わせる。
3. 2に1を加え、鍋底を冷水で冷やしながら粗熱を取る。容器に流し入れ、冷蔵庫で冷やし固める。

食品成分表（可食部100gあたり）
エネルギー……28kcal
水分……90.4g
たんぱく質……0.7g
脂質……0.5g
炭水化物……7.9g
無機質　カリウム……240mg
　　　　鉄……0.6mg
　　　　銅……0.05mg
　　　　マンガン……0.07mg
ビタミン　A　β-カロテン当量……240㎍
　　　　B1……0.03mg
　　　　B2……0.05mg
　　　　B6……0.06mg
食物繊維総量……2.5g

【栄】 酸性食品との食べ合わせ

アルカリ性食品のうめを食べることで、血液やリンパの流れがよくなり、抵抗力や免疫力のアップが期待されます。牛肉100gの酸性を中和するには、うめ干しならたった1/2個（約5g）で十分です。

100g
＝
1/2個 

効果アップの食べ合わせ

骨を健康に

うめ干しに多く含まれるクエン酸が、カルシウムなどのミネラルを体に吸収されやすい形にかえます。

うめ干し
＋
しらす

果 Banana

バナナ

豊富に含まれるカリウムが高血圧を予防

バナナを朝食がわりにすることが勧められるのは、糖質が多く含まれているためでしょう。でんぷんのほか、ブドウ糖、果糖、ショ糖といった吸収されやすい糖質が多く含まれているので、即効性のあるエネルギー源となります。

糖質以外では、高血圧の予防・改善やむくみ対策に有効なカリウムが豊富。果物の中ではマグネシウムの含有量も多めです。

ペクチンなどの食物繊維も含まれているので、血糖値やコレステロール値の上昇を抑える効果も期待できます。ショ糖の一種であるフラクトオリゴ糖は、腸内の善玉菌の栄養になる成分。水溶性食物繊維とともに働き、腸内環境を改善するのに役立ちます。

実 — 意外に多いバナナのポリフェノール

バナナには抗酸化物質の一種であるポリフェノールが、赤ワイングラス1杯ぶんほども含まれており、果物の中でもトップクラスです。

斑 — 斑点は栄養のしるし

皮の表面の斑点をシュガースポットと呼びます。傷んでしまったわけではなく、食べ頃のサインとされています。熟成が進むことで、免疫力も比例して高まるためと考えられています。

保存方法

冷蔵庫に入れると黒く変色してしまうため、常温で保存します。1本ずつ分けてポリ袋に入れ涼しいところに保存するとより長く保存できます。

知っておきたい健康ワード

マグネシウム

効果と機能

栄養素をエネルギーにかえたり、食べたものを分解して得た成分から体の組織をつくり出したりすることを「代謝」といいます。代謝には酵素が必要で、マグネシウムは、約300種類もの酵素の働きをサポートしています。

効 フィリピン高地の高機能バナナ

フィリピンの高地で栽培されたスウィーティオ（ドール社）という品種は、一般のバナナより血糖値を下げる効果が、約3倍ほど高いという研究結果があるそうです。

効 温バナナで免疫力アップ

ポリフェノールが豊富に含まれるバナナは抗酸化力が高く、免疫力アップにも効果的です。温めて食べることで、消化吸収もよくなります。

効果アップの食べ合わせ

疲労回復 
バナナ  ＋ 豚肉

バナナの糖質は即効性のエネルギー源。豚肉に含まれるビタミンB_1によって、より効率的にエネルギーに変換されます。

便通を整える 
バナナ  ＋ ヨーグルト

バナナには食物繊維が豊富。乳酸菌の豊富なヨーグルトと合わせるとさらに整腸効果が高まります。

精神安定
バナナ ＋ 牛乳

バナナには神経を安定させる効果のあるセロトニンが含まれます。牛乳のカルシウムはイライラを鎮めます。

食品成分表（可食部100gあたり）

エネルギー		86kcal
水分		75.4g
たんぱく質		1.1g
脂質		0.2g
炭水化物		22.5g
無機質	カリウム	360mg
	マグネシウム	32mg
	鉄	0.3mg
ビタミン	B_1	0.05mg
	B_2	0.04mg
	ナイアシン	0.7mg
	B_6	0.38mg
	葉酸	26μg
	C	16mg
食物繊維総量		1.1g

メロン

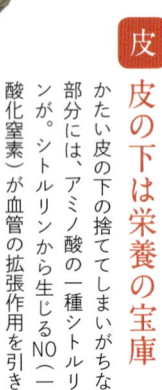

果 Melon

すばやくエネルギーにかわる糖質が豊富

主成分は、ブドウ糖、果糖、ショ糖など。これらの糖質は、でんぷんに比べて体内での吸収が早いのが特徴です。さらにメロンには、体内で発生する疲労物質と結合してエネルギーをつくり出すサイクルを活発にするクエン酸も含まれているので、疲労回復効果も期待できます。

豊富に含まれるカリウムには、余分な塩分の排泄をうながす作用があるため、高血圧やむくみ対策に有効。メロンに多く含まれるアミノ酸の一種・ギャバにも血圧の上昇を抑える効果があるので、高血圧の予防・改善に役立ちます。

果肉が赤いタイプのメロンには、すぐれた抗酸化作用をもち、体内で必要な分だけビタミンAにかわるβカロテンも含まれています。

皮 | 皮の下は栄養の宝庫

かたい皮の下の捨ててしまいがちな部分には、アミノ酸の一種シトルリンが。シトルリンから生じるNO（一酸化窒素）が血管の拡張作用を引き起こし血流が促進されます。

種 | 種のまわりは甘味も栄養も

メロンの種のまわりには、「アデノシン」が多く含まれています。ワタも捨てずに食べる工夫をしてみましょう。

保存方法

追熟の必要なものは常温で保存しましょう。果実全体が黄色っぽくなったもの、香りが強くなったもの、お尻の部分を軽く押してみて少しやわらかい感じがするものが食べ頃です。

66

知っておきたい健康ワード

ギャバ

効果と機能

アミノ酸の一種で、正式名称はγアミノ酪酸。英字表記した際の「Gamma-Amino Butyric Acid」の頭文字をとり、GABA（ギャバ）と略されています。脳の血流をよくして脳細胞を活性化するほか、精神を安定させる、血圧を下げる、腎臓や肝臓の機能を活性化するなどの働きがあります。

メロンヨーグルトスムージー

材料（2人分）
メロン（果肉のみ）…300g
ヨーグルト…大さじ4
牛乳…100㎖
砂糖…小さじ2

作り方
1. メロンはひと口大に切り、冷凍庫で約20分冷やす。
2. 全ての材料をミキサーにかけ、グラスに注ぐ。

[食] メロンを食べるとイガイガする？

口の中やのどにかゆみを感じるのはメロンに含まれる酵素のためです。メロンのほか、パイナップルやキウイフルーツでも起こることがあります。もし皮膚が赤くなるようなら、アレルギーの可能性があるので注意しましょう。

[栄] メロンのカリウム量はすいか以上

果物では、すいかにカリウムが多く含まれることが知られていますが、メロンにはそのおおよそ3倍の量が含まれます。カリウムには体内の塩分（ナトリウム）を排泄する作用があり、むくみの改善や高血圧予防に効果が期待されます。

効果アップの食べ合わせ 動脈硬化予防

メロン ＋ 牛乳

メロンには血圧低下作用のあるカリウムが含まれ、牛乳のたんぱく質がしなやかな血管をつくります。

食品成分表（可食部100gあたり）

エネルギー		42kcal
水分		87.8g
たんぱく質		1.1g
炭水化物		10.3g
無機質	カリウム	340mg
	カルシウム	8mg
	マグネシウム	13mg
	リン	21mg
	鉄	0.3mg
	銅	0.05mg
ビタミン	B1	0.06mg
	B2	0.02mg
	B6	0.10mg
	C	18mg
食物繊維総量		0.5g

野菜は果物のかわりになる？

野菜に加えて果物も摂って！

野菜と果物は、どちらも「ビタミンが豊富な植物性食品」であることから、「体によい食品」というイメージがあります。

ただし、果物には糖質が多く含まれているものも多いため、糖質の摂りすぎを避けたい、などの理由で果物をあまり食べない人もいるようです。

でも、健康のためには、野菜と果物いずれもきちんととることが大切。国内・海外の調査でも、果物を多く摂る人ほど心臓病などの発症リスクが下がることがわかっています。また、海外の調査や研究では、果物と野菜を十分にとることが、健康な骨をつくり、骨密度の低下予防につながる、という結果も報告されています。

「1日に何をどれだけ食べればよいか」の目安を示すものに、国が策定した「食事バランスガイド」があります。このガイドでも、果物は、野菜を中心とする「副菜」とは別のグループに分類されており、毎日200g程度摂ることがすすめられています。これは、みかんなら2個、りんごなら小さめのもの1個程度の量になります。

野菜には含まれない成分も

果物をしっかり摂ったほうがよい理由としては、果物の成分のなかには、野菜からは補給しにくいものもあることが挙げられます。たとえば、エネルギー代謝を活発にして疲労回復に役立つ有機酸（リンゴ酸、クエン酸など）は、野菜にはあまり含まれていません。効率よく摂るためには、果物を食べるのが正解です。

また、すぐれた抗酸化作用をもつフィトケミカル（植物特有の色素やアクなどの成分）にも、果物特有のものがあります。さらに、果物の食物繊維の割合は、野菜に比べて水溶性食物繊維の割合が多め。コレステロール値の吸収をさまたげて、血糖値の上昇をおだやかにする効果が高いため、生活習慣病の予防にも役立ちます。

葉野菜

緑 Mulukhiya

モロヘイヤ

「王様の食べもの」が語源の健康野菜

とても栄養価の高い野菜で、なかでも含有量が多いのがβカロテンです。体内で必要な分だけビタミンAにかわり、皮膚や粘膜を健康に保つ効果を発揮。さらに、βカロテンそのものにもすぐれた抗酸化作用があります。モロヘイヤにはビタミンC、Eも多いため、βカロテンとの相乗効果で抗酸化力がさらに高まります。このほか、エネルギー代謝にかかわるビタミンB2や赤血球をつくる葉酸、骨や歯の健康維持に欠かせないカルシウムなども多く含まれています。

独特のぬめりはムチンによるもの。胃の粘膜を守るほか、肝臓や腎臓の機能を高める働きもあります。腸の調子を整える食物繊維も豊富に含まれています。

保存方法
水で湿らせて新聞紙で包み、ポリ袋に入れて密閉し、冷蔵庫の野菜室で保存します。2〜3日ほどで使いきりましょう。

茎 茎も毒性がある可能性も
管理された市販のものは安全ですが、茎に実と同じ毒性がある可能性がゼロではありません。家庭菜園のものは茎から葉を外して調理しましょう。

実 絶対に食べてはいけない
小さなさやの実の中にある種には、毒性の強いステロイド類やストロファンチジンという成分が含まれています。市販のものは取り除いてありますが、家庭菜園で収穫した場合は十分気をつけましょう。

知っておきたい健康ワード

葉酸

効果と機能

ビタミンB群の一種である葉酸は、新しい赤血球がつくられる際に欠かせない栄養素。不足すると、鉄不足によるものとは異なる「悪性貧血」の原因になります。また、新しい細胞がつくられる働きにも深くかかわっているため、細胞分裂がもっとも活発な胎児〜幼児期には、葉酸が不足しないように注意が必要。妊娠中〜授乳中の女性は、意識して十分に摂るようにしましょう。

主な食材

なばな／納豆／焼きのり／味つけのり／レバー(鶏、牛、豚)／煎茶／抹茶／ウニ／からしな／たたみいわし／えだまめ

モロヘイヤ納豆

材料(1人分)
モロヘイヤ…½袋
納豆…1パック
しょう油…小さじ½
練りからし…適量
のり…適量

作り方
1. モロヘイヤは葉を摘んでたっぷりの湯で約2分ゆで、水にとって水けを絞り、包丁でたたくようにして細かく刻む。
2. 納豆を器に入れてよく混ぜ、しょう油、からしを加えてさらに混ぜる。
3. 2、1を器に盛り、好みでのりを添える。

効 王様が食べた最高の栄養食

エジプト原産のモロヘイヤはアラビア語で「王様の食べもの」という意味。その名の由来通り、王の病気の特効薬として珍重され、また、すぐれた美容効果からクレオパトラも好んだといわれます。

食品成分表(可食部100gあたり)

エネルギー		38kcal
水分		86.1g
無機質	カリウム	530mg
	カルシウム	260mg
	マグネシウム	46mg
	リン	110mg
	鉄	1.0mg
	マンガン	1.32mg
ビタミン	A β-カロテン当量	10000µg
	K	640µg
	B1	0.18mg
	B2	0.42mg
	C	65mg
食物繊維総量		5.9g

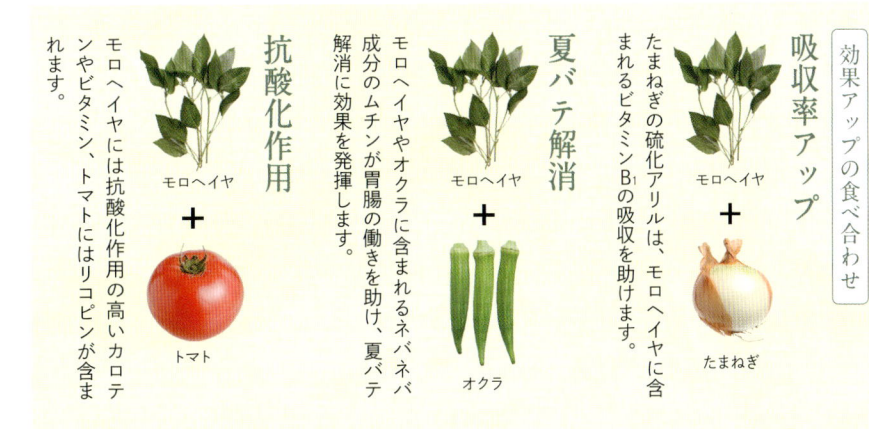

効果アップの食べ合わせ

抗酸化作用
モロヘイヤ + トマト

モロヘイヤには抗酸化作用の高いカロテンやビタミン、トマトにはリコピンが含まれます。

夏バテ解消
モロヘイヤ + オクラ

モロヘイヤやオクラに含まれるネバネバ成分のムチンが胃腸の働きを助け、夏バテ解消に効果を発揮します。

吸収率アップ
モロヘイヤ + たまねぎ

たまねぎの硫化アリルは、モロヘイヤに含まれるビタミンB1の吸収を助けます。

ケール

Kale 葉

健康づくりに役立つ栄養素を豊富に含む

キャベツの仲間のケールは、「青汁」の材料として知られている野菜です。栄養面での一番の特徴は、すぐれた抗酸化作用が期待あること。抗酸化ビタミンの代表ともいえるβカロテン、ビタミンC、ビタミンKが、すべて豊富に含まれています。カルシウムの含有量も、野菜のなかではトップクラス。骨や歯の健康を守る効果も期待できます。日本人に不足しがちな食物繊維も豊富。腸の調子を整えるほか、体内の余分なコレステロールの排泄をうながしたり、血糖値の上昇を緩やかにしたりする働きも見逃せません。色素の成分であるルテインは、紫外線から目を守るのに有効。高齢者に多い網膜の病気「黄斑変性」を予防する効果も認められています。

保存方法

湿らせたキッチンペーパーで包み、ポリ袋に入れて冷蔵庫の野菜室で保存します。なるべく早く使いきるようにしましょう。

効 青汁の「マズイ！」成分は

独特の苦み成分はフィトケミカルのひとつ「イソチオシアネート」という含硫化合物。抗酸化作用があり、抗菌性や発がん抑制効果も期待されています。この成分は、植物が害虫から身を守る防衛策としてつくり出しているといわれています。

食品成分表(可食部100gあたり)

エネルギー	28kcal
水分	90.2g
炭水化物	5.6g
無機質 ナトリウム	9mg
カリウム	420mg
カルシウム	**220mg**
マグネシウム	44mg
リン	45mg
ビタミン A β-カロテン当量	2900μg
K	210μg
ナイアシン	0.9mg
葉酸	120μg
C	81mg
食物繊維総量	3.7g

キャベツ

葉 Cabbage

ビタミンUが胃の健康を守る

キャベツに含まれるビタミンUは、「キャベジン」とも呼ばれる成分です。胃の粘膜の修復をうながしたり過剰な胃酸の分泌を抑えたりすることから、胃潰瘍の予防・改善に効果があるといわれています。また、免疫力アップや美肌づくりに役立つビタミンCや、健康な骨をつくるビタミンKも豊富。キャベツの細胞が壊れることでできるイソチオシアネートという成分には、消化を助けるほか、胃の病気の原因となるピロリ菌などの殺菌効果や、がんを予防する効果などもあるとされています。

ビタミンCやビタミンUは水溶性で熱にも弱いので、効率よく摂るためには生食が一番。水にさらすとビタミンが流れ出てしまうので、切ったあとはさっと洗う程度にしましょう。

芯

芯のほうが栄養がある？

ビタミンUは、葉よりも芯、内側の葉（特に芯葉）になるほど含まれる量が多くなります。ビタミンCは、外葉が一番多く、次いで芯葉に。

食品成分表（可食部100gあたり）

エネルギー		23kcal
水分		92.7g
炭水化物		5.2g
無機質	ナトリウム	5mg
	カリウム	200mg
	カルシウム	43mg
	マグネシウム	14mg
	リン	27mg
ビタミン	A β-カロテン当量	50μg
	K	78μg
	ナイアシン	0.2mg
	葉酸	78μg
	C	41mg
食物繊維総量		1.8g

保存方法

芯をくり抜いて水で湿らせたキッチンペーパーを詰めておくと鮮度を保てます。冷蔵庫の野菜室で保存し、1週間をめどに使いきりましょう。

効果アップの食べ合わせ

骨粗鬆症予防

キャベツ ＋ 牛乳

牛乳には吸収率の高いカルシウムが豊富。キャベツのビタミンKには骨を丈夫にする効果があります。

美肌効果

キャベツ ＋ にんじん

キャベツのビタミンC、にんじんのβカロテンには美肌効果が期待できます。

レタス

葉 Lettuce

保存方法
ポリ袋に入れて冷蔵庫の野菜室で保存。芯の部分だけに湿らせたキッチンペーパーなどを当てておくと、長もちします。

さまざまなビタミン、ミネラルを含む

成分の90％以上が水分ですが、βカロテン、ビタミンC、Eといったビタミン類をはじめ、カリウム、カルシウムなどのミネラル、食物繊維などが含まれています。なかでも比較的多く含まれているのが、ビタミンE。活性酸素の害から体を守る抗酸化作用にすぐれ、老化防止や生活習慣病予防に役立つほか、肌の調子を整えたり、血行を改善したりする働きもあります。同様の抗酸化力をもつβカロテンや、ビタミンEの作用を持続させるビタミンCもいっしょに摂ることができるので、抗酸化作用が効率よく発揮されるというメリットもあります。ただし、栄養素や有効成分の含有量が多くはなく、栄養豊富とはいえません。たんぱく質を多く含む食材に加え、ビタミン類も豊富な緑黄色野菜なども組み合わせて献立に取り入れましょう。

腎臓病患者の食を救う野菜

腎臓疾患の人にカリウムは禁物ですが、それを含まない野菜はありません。植物の栄養は「窒素、リン酸、カリウム」だからです。透析を受けている人でも食べることのできる低カリウム野菜が開発され、現在では、レタスのほかにこまつな、ルッコラなどの生産が始まっています。

効 食品成分表（可食部100gあたり）

エネルギー		12kcal
水分		95.9g
炭水化物		2.8g
無機質	カリウム	200mg
	カルシウム	19mg
	マグネシウム	8mg
	リン	22mg
	鉄	0.3mg
	亜鉛	0.2mg
	銅	0.04mg
ビタミン	A　β-カロテン当量	240μg
	葉酸	73μg
食物繊維総量		1.1g

効果アップの食べ合わせ

美肌効果

レタス ＋ 肉類

レタスには、肌の潤いを保つビタミンEや美肌効果が期待できるビタミンCが。肌の材料となるたんぱく質が豊富な食材を組み合わせれば、美肌効果が高まります。

しゅんぎく

Crown daisy

独特の香りが胃腸の働きを促進

βカロテンやビタミンCをたっぷり含む栄養豊富な野菜。抗酸化作用で体を活性酸素の害から守り、細胞の老化を防ぎます。このほか、骨や歯の健康を守るカルシウムやビタミンK、貧血を予防・改善する鉄、血圧のコントロールに役立つカリウムなども含まれています。

濃い緑色は、植物の色素・クロロフィルによるものです。クロロフィルにはすぐれた抗酸化作用があるほか、コレステロール値を低下させる、貧血を予防・改善する、炎症をしずめる、といった働きがあることがわかっています。

独特の香りを生み出しているのは、αピネン、ペリルアルデヒドなど。これらの香り成分には、食欲増進、胃もたれの解消、消化促進などの効果が期待できます。

効 独特の香りの正体は?

しゅんぎくの香りは複数の成分から生まれるものですが、なかでも「ペリルアルデヒド」と呼ばれるしそにも含まれる成分には、胃腸の働きを活性化させるなどの働きが期待されています。

効果アップの食べ合わせ

消化促進

しゅんぎく ＋ やまのいも

ムチンやアミラーゼを含むやまのいもには、胃腸の働きを整える働きが。しゅんぎくの香り成分にも、消化促進作用があります。

食品成分表(可食部100gあたり)

エネルギー		22kcal
水分		91.8g
炭水化物		3.9g
無機質	ナトリウム	73mg
	カリウム	460mg
	カルシウム	120mg
	リン	44mg
	鉄	1.7mg
ビタミン	A β-カロテン当量	4500μg
	K	250μg
	B1	0.10mg
	B2	0.16mg
	C	19mg
食物繊維総量		3.2g

保存方法

収穫直後から鮮度も栄養価も落ちるため、購入後は早めに使いきりましょう。保存の際は、湿らせた新聞紙で包んでポリ袋に入れ、冷蔵庫の野菜室に立てて保存します。

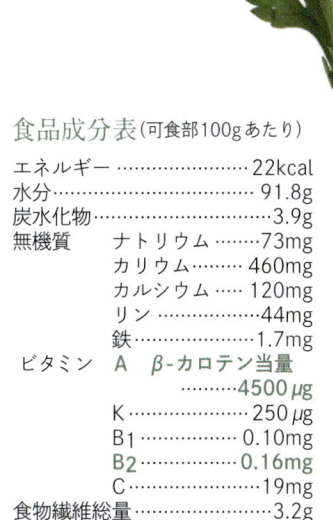

パセリ

ビタミン、ミネラルが豊富な緑黄色野菜

βカロテンを多く含む緑黄色野菜。免疫力アップや老化防止に役立つビタミンCも豊富です。ビタミンCには、メラニン色素の生成を抑えてシミやそばかすを防ぐ効果があり、たんぱく質からコラーゲンがつくられる働きにもかかわっています。コラーゲンは肌のハリのもととなる成分なので、たんぱく質が豊富な食材を組み合わせることで、パセリの美肌効果がさらにアップします。このほか、丈夫な骨や歯をつくるカルシウムやビタミンK、貧血を予防する鉄なども含まれています。栄養価に注目されることが少ないのは、一度に食べる量が少ないため、料理に飾りとして添えるのではなく、食材として利用し、たっぷり食べるようにしましょう。

葉

抗菌作用で食中毒を予防

パセリの香り成分には、抗菌・殺菌作用もあるため、料理に添えることには食中毒予防の意味もあります。

効

虫刺されにも効く?

民間療法では、パセリのすりつぶした汁を虫に刺された所に塗ると、腫れがひくといわれています。パセリの抗菌・殺菌作用が炎症を鎮めるのかもしれません。

イタリアンパセリ

保存方法

乾燥しないよう、ポリ袋に入れて冷蔵庫の野菜室で保存しましょう。コップなどに水を張り、そこに柄の根元を切ってから挿しておくと長もちします。

知っておきたい健康ワード

鉄

効果と機能

全身の細胞に酸素を運ぶ役割を担っているため、不足すると貧血の症状が現れます。動物性食品に含まれるヘム鉄と、植物性食品に含まれる非ヘム鉄の2種類があり、吸収率が高いのはヘム鉄です。ビタミンCには鉄の吸収率を高める作用があるので、できるだけいっしょに摂る工夫をするとよいでしょう。

主な食材

のり／干しひじき／いわのり／あさり／ココア／レバー（豚）／焼きのり／きくらげ／ごま

食 | 香りと栄養でアクセント！

ビタミンC、Eを多く含む食材との組み合わせで、もともと強い抗酸化パワーがさらにアップ。オリーブ油とにんにくでソテーした肉や野菜、魚介類にたっぷりのパセリを添え、仕上げにレモン汁をひとふりすれば、シンプルながら食材を引き立てる上品な味わいの一皿に。

パセリのジェノベーゼソース

材料（作りやすい分量）
- パセリ…100g
- オリーブ油…80㎖
- 塩…小さじ1
- にんにくのみじん切り…1かけ
- 好みのナッツ（松の実・ピーナッツなど）…大さじ5

作り方
1. パセリは葉を摘み、流水で洗ってキッチンペーパーなどで水けをよくきる。
2. 材料をすべてフードプロセッサーに入れ、なめらかになるまでよく撹拌する。

効 | 香りの成分には

青くさく、ほろ苦い香りは、アピオールやピネン、ミリスティシンなどの香り成分によるもの。腸内の悪玉菌の増殖を抑え、整腸にも効果的と考えられています。ピネンには消化促進、口臭予防、また発がんの抑制も期待されています。

食品成分表（可食部100gあたり）

エネルギー		43kcal
水分		84.7g
炭水化物		7.8g
無機質	カリウム	1000mg
	カルシウム	290mg
	マグネシウム	42mg
	鉄	7.5mg
ビタミン	A β-カロテン当量	7400μg
	K	850μg
	B1	0.12mg
	B2	0.24mg
	葉酸	220μg
	C	120mg
食物繊維総量		6.8g

効果アップの食べ合わせ

老化防止
パセリ ＋ オリーブ油
パセリには、β-カロテンやビタミンCがたっぷり。ビタミンEが豊富な食材を組み合わせることでβ-カロテンの吸収率がアップし、老化防止につながる抗酸化作用も高まります。

貧血予防  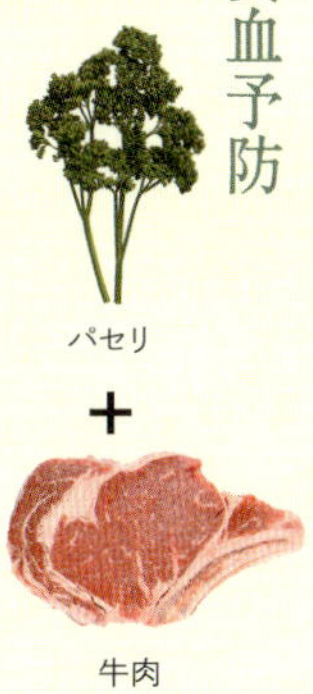
パセリ ＋ 牛肉
パセリに含まれるビタミンCは、牛肉の鉄の吸収を助けます。

骨の強化 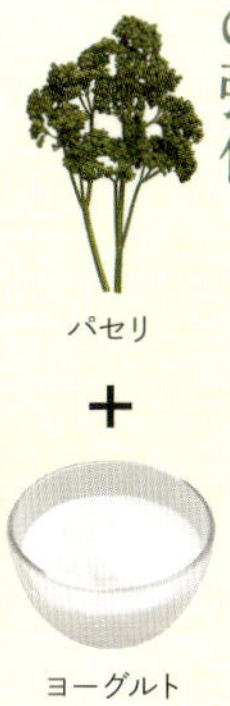
パセリ ＋ ヨーグルト
パセリのビタミンK、ヨーグルトのカルシウムは、どちらも骨の健康維持に役立ちます。

葉 Garlic

にんにく

疲労回復に有効なスタミナ食材

ねぎ類に含まれる香り成分・硫化アリルが豊富。硫化アリルは糖質をエネルギーにかえるビタミンB₁と結合して「アリチアミン」という物質にかわり、B₁の効果を持続させます。ビタミンB₁を多く含むにんにくは最初からアリチアミンが含まれています。そのため、疲労回復効果が特に高いといわれています。このほか、たんぱく質の代謝にかわり、皮膚や粘膜を丈夫に保つビタミンB₆や、造血作用のある葉酸、高血圧の予防・改善に役立つカリウムなども含まれています。
健康によい成分が多く含まれていますが、刺激が強いので食べすぎると胃を痛めることも。生のままなら1日1片、加熱した場合も1〜2片程度にしておきましょう。

茎や芽
「にんにくの芽」「茎にんにく」などと呼ばれますが、花になる茎の部分です。アリシン、βカロテンを多く含み、緑黄色野菜に分類されるほどです。

保存方法
ネットなどに入れ、風通しのよい場所でつるして保存すると数カ月もちます。使うときに必要な分だけを割り取るようにしましょう。

色　すりおろしにんにくが緑色に？
にんにくをすりおろして放置すると、緑色に変色することがあります。これは、にんにくの香り成分が分解されて鉄と反応するためといわれています。体に害はないので、そのまま調理に使ってかまいません。

効果アップの食べ合わせ

疲労回復
にんにく ＋ 豚肉
にんにくの硫化アリルは、疲労回復に役立つ豚肉のビタミンB₁の効果を持続させます。

体を温める
にんにく ＋ ねぎ
にんにくやねぎに含まれるアリシンには体を温める効果があります。

食品成分表（可食部100gあたり）

エネルギー		136kcal
水分		63.9g
たんぱく質		6.4g
炭水化物		27.5g
灰分		1.4g
無機質	カリウム	510mg
	リン	160mg
	鉄	0.8mg
	亜鉛	0.8mg
	マンガン	0.28mg
ビタミン	B₁	0.19mg
	B₂	0.07mg
	B₆	1.53mg
	葉酸	93μg
食物繊維総量		6.2g

葉 Leek

にら

豊富なビタミンに加えて殺菌などに役立つ成分も

にらの強い香りは、硫化アリルによるもの。刻むことなどによって、酵素の働きでアリシンという物質にかわります。アリシンには、糖質の代謝にかかわるビタミンB_1と結合し、B_1を血液中に長くとどめる性質があります。そのため、ビタミンB_1が豊富な豚肉などと組み合わせると、疲労回復やスタミナアップ効果が期待できます。さらに、強い殺菌・抗菌作用や、脂肪を燃焼させ、コレステロール値を下げる働きなどもあることがわかっています。硫化アリルは、葉先より根元の部分に多く含まれています。

このほか、βカロテンやビタミンC、ビタミンEといった抗酸化物質や、腸の働きを整える食物繊維なども豊富です。

保存方法

葉先が折れないようにポリ袋に入れ、葉が重ならないように冷蔵庫の野菜室に根元をなるべく立てて保存。

栄 黄にらの栄養は？

βカロテンが少なくなるので、栄養価は下がりますが、やわらかく食べやすいというメリットもあります。

食品成分表（可食部100gあたり）

エネルギー		21kcal
水分		92.6g
たんぱく質		1.7g
無機質	カリウム	510mg
	カルシウム	48mg
	鉄	0.7mg
	マンガン	0.39mg
ビタミン	A β-カロテン当量	3500μg
	K	180μg
	B_2	0.13mg
	B_6	0.16mg
	葉酸	100μg
	C	19mg
食物繊維総量		2.7g

効果アップの食べ合わせ

ダイエット効果

にらに含まれる硫化アリルには、脂肪燃焼効果も。体重が気になるときは、同様の働きをもつとうがらしといっしょに摂ってみましょう。

にら + とうがらし

疲労回復

にらに含まれる硫化アリルは豚肉に豊富なビタミンB_1の効果を高めるため、疲労回復に有効です。

にら + 豚肉

ねぎ

葉 Welsh onion

香りの成分で疲労を回復

ねぎ類に共通するツンとする香りは、白い部分に硫化アリルが含まれているため。硫化アリルには糖質の代謝にかかわってエネルギーを生み出すビタミンB₁の効果を持続させる作用があり、疲労回復などに役立ちます。

ねぎの白い部分は淡色野菜ですが、緑色の部分は、βカロテンが豊富な緑黄色野菜です。健康な骨や歯をつくるカルシウムやビタミンK、造血作用のある葉酸なども含まれています。

栄 直前に刻めば栄養を逃さない

ねぎに含まれる硫化アリルには揮発性があり、時間の経過や細かく刻むことでどんどん減っていきます。栄養と香りを残すためには、できるだけ使う直前に刻むのがおすすめです。

保存方法

葉先を出して新聞紙で包み、涼しい場所に保存します。使いかけは、ポリ袋に入れて冷蔵庫で保存しましょう。

葉ねぎ
食品成分表(可食部100gあたり)

エネルギー		30kcal
水分		90.5g
炭水化物		6.5mg
無機質	カリウム	260mg
	カルシウム	80mg
	リン	40mg
	鉄	1.0mg
	亜鉛	0.3mg
	マンガン	0.18mg
ビタミン	B₁	0.06mg
	B₂	0.11mg
	B₆	0.13mg
	葉酸	100μg
	C	32mg
食物繊維総量		3.2g

知っておきたい健康ワード

硫化アリル

効果と機能

ねぎの仲間などユリ科の植物に含まれるイオウ化合物の一種です。さまざまな種類がありますが、代表的なものがアリイン。酵素の働きによってアリシンにかわり、ビタミンB_1と結合して、糖質からエネルギーをつくるB_1の働きを持続させます。このほか、抗菌作用や抗酸化作用も高く、血栓を予防する働きもあります。

ねぎやにんにくの硫化アリルが体を温める
ねぎチャーハン

材料（作りやすい分量）

ねぎ…1/2本
小ねぎ…1/2束
卵…1個
にんにくのみじん切り
　…小さじ1
ごま油…大さじ1 1/2
ごはん…茶碗1杯分強
顆粒中華だしの素
　…大さじ1
塩・こしょう…各少々

作り方

1. ねぎは厚めの小口切りにする。小ねぎは小口切りにしておく。フライパンにごま油を熱し、溶いた卵を加え、半熟になったら取り出す。
2. 1のフライパンでにんにくを炒め、香りが出たら長ねぎを加える。ごはんを加えて中華だしの素と塩、こしょうで味つけする。
3. 卵を戻し、器に盛り、小ねぎを散らす。

効 風邪のひき初めのケアに有効

香り成分の硫化アリルには、すぐれた抗菌・殺菌作用があるため、風邪などのウイルスから体を守るのにも有効。中医学では体を温める食材の代表とされ、風邪の初期や冷えからくる症状の改善に利用されています。

根深ねぎ
食品成分表(可食部100gあたり)

エネルギー		34kcal
水分		89.6g
炭水化物		8.3g
無機質	カリウム	200mg
	カルシウム	36mg
	リン	27mg
	鉄	0.3mg
	亜鉛	0.3mg
	マンガン	0.12mg
ビタミン	B_1	0.05mg
	B_2	0.04mg
	B_6	0.12mg
	葉酸	72μg
	C	14mg
食物繊維総量		2.5g

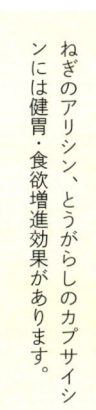

効果アップの食べ合わせ

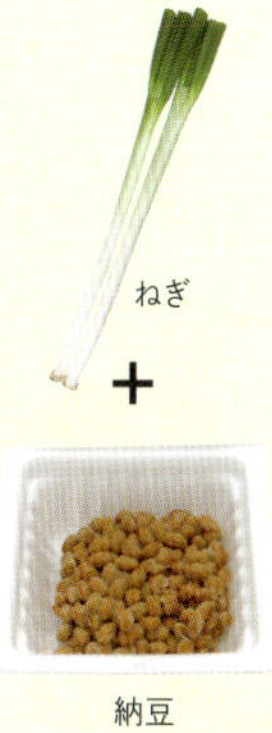

食欲増進 
ねぎのアリシン、とうがらしのカプサイシンには健胃・食欲増進効果があります。

ねぎ ＋ とうがらし

疲労回復
ねぎのアリシン、たこのタウリンには疲労回復効果があります。

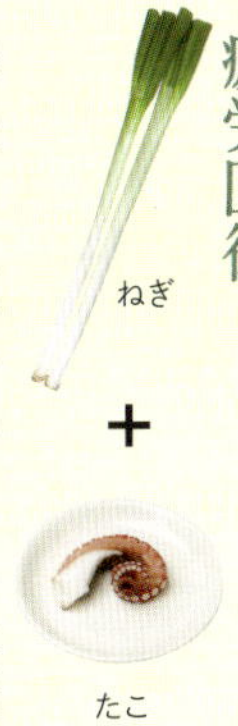

ねぎ ＋ たこ

血液サラサラ
ねぎの硫化アリルはビタミンB_1の吸収を助ける成分です。納豆には、血栓を溶かす成分も含まれています。

ねぎ ＋ 納豆

たまねぎ

Onion

カリウムの働きで血圧をコントロール

たまねぎの主成分は糖質。ビタミン、ミネラル類の含有量はそれほど多くありません。ツンとする香りは、硫化アリルによるもの。硫化アリルは、糖質をエネルギーにかえるビタミンB1の吸収率を高めて効果を持続させる働きがあります。ちなみに、たまねぎを切る際に涙が出るのは、揮発した硫化アリルが鼻や目の粘膜を刺激するためです。切る前にたまねぎを冷やし、よく切れる包丁を使うことで刺激を弱めることができます。ミネラル類では、カリウムが豊富。塩分の排泄をうながし、血圧を低下させる働きがあります。

ポリフェノールの一種・ケルセチンも注目したい成分。すぐれた抗酸化力があり、動脈硬化の予防、コレステロール値の低下などの効果も期待されています。ただし、一般的な品種では、おもに外皮に含まれています。

色 パープル品種にはアントシアニン

紫たまねぎには、わずかですが「アントシアニン」が含まれています。アントシアニンには活性酸素の害から体を守る抗酸化作用があります。

辛 水にさらさず辛み抜き

辛み成分の硫化アリルは、水にさらすと溶け出しますが、ほかの栄養分も流れ出てしまいます。20～30分空気にさらしておくだけで辛みは抜けていきます。

保存方法

たまねぎは湿気に弱いので、風通しのよい場所で保存しましょう。カットしたものはラップで包んで冷蔵庫へ。新たまねぎは乾燥させずに出荷されるので、2～3日で食べきるようにしましょう。

知っておきたい健康ワード

ケルセチン

効果と機能

たまねぎやお茶などに多く含まれるポリフェノールの一種。すぐれた抗酸化作用があるため、老化防止に有効。また、脂肪分解にかかわる酵素を活性化するため、肥満の予防・改善にも役立つと考えられています。このほか、血行改善、抗アレルギー効果なども期待されています。

主な食材

りんご／ブロッコリー／アスパラガス／にんにく／大豆／リーキ／だいこん／グレープフルーツ／ごぼう／トマト

弱火でコトコト煮て澄んだ仕上がりに

丸ごとたまねぎスープ

材料（作りやすい分量）
たまねぎ…1個
スープ（ブイヨンを溶かしたもの）…1ℓ
ローリエ…2枚
塩…適量
こしょう(黒)…2〜3粒

作り方
1. たまねぎは皮をむき、バラバラにならないよう注意しながら、根元の汚れた部分を削る。
2. たまねぎを鍋に入れ、かぶるぐらいのスープ、ローリエ、こしょうを入れて火にかける。
3. 煮立ったら一度弱火にし、スープが減ったら、スープまたは湯を足す。
2時間ほど煮て、たまねぎが透き通ったら塩とこしょうで調味する。

【食】

炒めるとなぜ甘くなるの？

たまねぎは糖類（ショ糖、果糖、ブドウ糖など）を多く含みますが、生だと辛み成分が強いために甘みを感じにくくなります。しかし辛み成分である硫化アリルは揮発・分解しやすいため、加熱すると壊れたり蒸発して、甘み成分が残ります。

食品成分表（可食部100gあたり）

エネルギー		37kcal
水分		89.7g
たんぱく質		1.0g
炭水化物		8.8g
無機質	ナトリウム	2mg
	カリウム	**150mg**
	カルシウム	21mg
	リン	33mg
	鉄	0.2mg
	亜鉛	0.2mg
	マンガン	0.15mg
ビタミン	B1	0.03mg
	B6	0.16mg
	C	8mg
食物繊維総量		1.6g

高血圧予防

たまねぎ ＋ いか

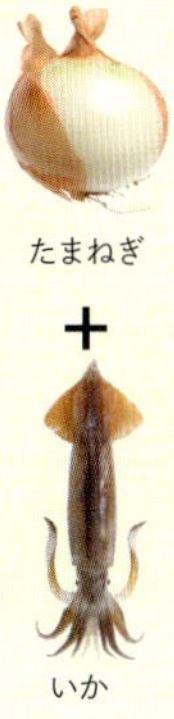

たまねぎに含まれるカリウム、いかに含まれるタウリンには血圧を下げる効果が期待できます。

老化防止

たまねぎ ＋ 白身魚

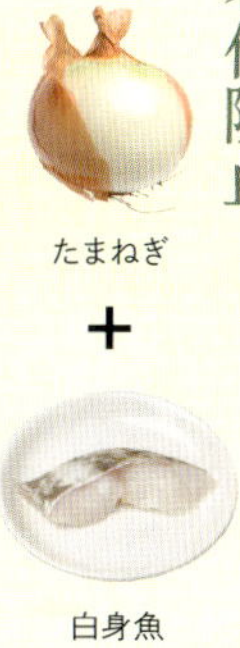

強い抗酸化作用のあるたまねぎのケルセチンで老化を予防。魚のたんぱく質は体の組織の材料になります。

吸収率アップ

たまねぎ ＋ ベーコン

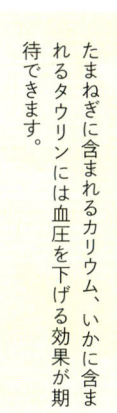

たまねぎに含まれる硫化アリルがベーコンのビタミンB1の吸収を助けます。

【効果アップの食べ合わせ】

たかな

Leaf mustard 葉

辛み成分が血液をサラサラに

独特のピリッとした辛みの正体は、アリルイソチオシアネート。わさびやからしにも含まれる辛み成分で、殺菌や食欲増進に加え、血栓をできにくくしたりがんを予防したりする効果もあると考えられています。緑黄色野菜でもあり、βカロテンもたっぷり含まれています。βカロテンには、体内で必要な分だけビタミンAにかわって肌や粘膜を健康に保つ作用に加え、活性酸素の害から体を守り、細胞の老化を防ぐ働きもあります。

免疫力アップや美肌づくりに役立つビタミンCも豊富。このほか、貧血予防に役立つ鉄や葉酸、健康な骨と歯をつくるカルシウムなどのミネラルも多く含まれています。日本人に不足しがちな食物繊維の補給源としても優秀です。

色
葉の色で味の差も
青葉と紫葉があり、葉は大きくやわらかく、辛みは強くありません。

葉
葉の色はさまざま
種は潰し、からし粉として香辛料やからし油に。調味料の材料として、食欲増進、防腐の目的で使われます。

保存方法
湿らせた新聞紙で包み、ポリ袋に入れるかラップで包んで冷蔵庫の野菜室で保存しましょう。

効果アップの食べ合わせ
老化防止
豊富に含まれるβカロテンは、脂溶性の成分。油を使って炒めものなどにすることで効率よく体にとり入れることができます。

たかな ＋ オリーブ油

食品成分表（可食部100gあたり）

エネルギー		21kcal
水分		92.7g
炭水化物		4.2g
無機質	ナトリウム	43mg
	カリウム	300mg
	カルシウム	87mg
	鉄	1.7mg
ビタミン	A β-カロテン当量	2300μg
	B1	0.06mg
	B2	0.10mg
	B6	0.16mg
	葉酸	180μg
	C	69mg
食物繊維総量		2.5g

葉 water spinach

くうしんさい

活性酸素から体を守り貧血を予防する

強い抗酸化力をもつβカロテンとビタミンCがたっぷり含まれています。ビタミンEを多く含む植物油を使って炒めものなどにすれば、油脂に溶けるβカロテンの吸収率がアップ。さらに、βカロテン、ビタミンC、ビタミンEの相乗効果で抗酸化作用も高まります。また、たんぱく質が豊富な食材と組み合わせれば、コラーゲンの生成をうながすビタミンCの働きで、美肌効果も期待することができます。

鉄の含有量が多いことも特徴のひとつ。ビタミンCには鉄の吸収率を高める作用もあるので、貧血の予防・改善に有効です。体内の余分な塩分を排泄して高血圧を予防・改善するカリウムや、骨の健康にかかわるビタミンKなども含まれています。

栄

鉄、食物繊維、カリウムなどの栄養素は、ほうれんそうの約2〜4倍。βカロテンやビタミンEは、油といっしょに炒めると吸収率が高まります。

保存方法

湿らせたキッチンペーパーで切り口を包み、さらに、湿らせた新聞紙などで全体を包んでポリ袋に入れ、冷蔵庫で保存しましょう。すぐにしなびてしまうので早めに食べきりましょう。

食品成分表(可食部100gあたり)

エネルギー		17kcal
水分		93.0g
炭水化物		3.1g
無機質	ナトリウム	26mg
	カリウム	380mg
	カルシウム	74mg
	鉄	1.5mg
	マンガン	1.07mg
ビタミン	A β-カロテン当量	4300μg
	E	2.2mg
	K	250μg
	B2	0.20mg
	C	19mg
食物繊維総量		3.1g

効果アップの食べ合わせ

貧血予防

くうしんさい + 牛肉

牛肉、くうしんさいには、鉄が豊富に含まれます。

吸収率アップ

くうしんさい + チーズ

くうしんさいに含まれるビタミンCが、チーズに含まれるカルシウムの吸収率を高めます。

セロリー

葉 Celery

すっきりした香りが
イライラや不安をしずめる

セロリーの独特の香りを生み出しているのが、アピインやピラジンなどの香り成分。アピインは神経系統に働きかけ、イライラや不安感をしずめるのに役立ちます。また、食欲増進や、血圧の上昇を抑える働きもあるといわれています。ピラジンは、アピインと同様のリラックス効果に加え、血液をサラサラにする作用が

あると考えられています。
香り成分以外の栄養面では、カリウムの含有量が豊富なことが特徴。カリウムには細胞内のナトリウム量を調整する作用があり、体内の余分な塩分の吸収を抑えて排泄をうながします。高血圧の予防・改善に有効なほか、むくみが気になる人も意識してしっかり摂りたい栄養素です。

葉　葉も残さず利用

セロリーの葉には、βカロテンやビタミンB群、ビタミンCなどが茎よりも豊富に含まれています。

繊　セロリーの筋は食物繊維

筋ばった茎の部分には食物繊維がたっぷり含まれていると思われがちですが、その量はレタスやキャベツとそれほど変わりないようです。

保存方法

葉から水分が失われるので、葉と茎を切り離してそれぞれを新聞紙で包み、ポリ袋に入れて冷蔵庫の野菜室に入れます。4〜5日で食べきりましょう。

86

知っておきたい健康ワード

亜鉛

効果と機能

亜鉛は生命活動に不可欠で、さまざまな酵素の構成成分として重要な元素のひとつ。体内に保持されている量が微量なため、微量元素と呼ばれます。DNAやたんぱく質の生成、子どもの発育にも必要です。欠乏すると味覚障害や皮膚障害を起こすので日ごろからしっかり摂るようにしましょう。銅や鉄といっしょに摂ると亜鉛の吸収が妨げられることがあるので注意が必要です。

効 セロリーは小さくして、よく噛むこと

セロリーの有効成分はかたい繊維に守られて細胞の中にあります。よく噛んで細胞を壊すか、ジュースなどにすることで効果が十分に発揮されます。

食 ストレスが気になる方は食べ合わせを考えて

イライラを抑える香り成分を有効にいかすために、すぐれた抗ストレス作用にビタミンCやカルシウムを含む食材と組み合わせます。煮ものなどの、加熱調理にすれば、生では味わえない甘みも生まれます。

食品成分表(可食部100gあたり)

エネルギー		15kcal
水分		94.7g
炭水化物		3.6g
無機質	ナトリウム	28mg
	カリウム	410mg
	カルシウム	39mg
	リン	39mg
	鉄	0.2mg
	亜鉛	0.2mg
ビタミン	B1	0.03mg
	B2	0.03mg
	B6	0.08mg
	葉酸	29μg
	C	7mg
食物繊維総量		1.5g

効果アップの食べ合わせ

栄養バランスアップ
セロリー ＋ 牛乳

ビタミンや食物繊維を含むセロリーに、牛乳の良質のたんぱく質をプラスすれば、栄養バランスがアップします。

疲労回復
セロリー ＋ 豚肉

セロリーのビタミンCの抗酸化作用と、豚肉のたんぱく質で細胞が丈夫に。豚肉のビタミンB1で疲労回復。

糖尿病予防
セロリー ＋ 豆類

セロリーと豆など、食物繊維が豊富な食材を組み合わせれば、糖の吸収が穏やかになります。

アスパラガス

アスパラギン酸の効果でスタミナアップ

グリーンアスパラガスは、抗酸化作用のあるβカロテンやビタミンCを含む緑黄色野菜です。高血圧予防に役立つカリウムや、造血効果のある葉酸なども含まれています。アスパラギン酸が多く含まれているため、疲労回復やスタミナアップに有効。また、穂先の部分には、ルチンが豊富です。ルチンはビタミンCとともに働き、血管を丈夫にしたり血圧の上昇を抑えたりする効果があります。ルチンもビタミンCも水溶性なので、ゆでたあと長時間水にさらすのは避けましょう。

ホワイトアスパラガスは栄養価が低く、ビタミンCが少し含まれる程度。栄養面より、やわらかな口当たりや繊細な香りなどを楽しむための野菜といえるでしょう。

穂
成長点は栄養たっぷり
先端に多く含まれるルチンには血管を丈夫にする働きなどがあります。

色
育て方で色が違う
芽が地上に出たものは、日光にあたって緑色に。白いものは光を遮断したもの。

食
皮の部分は香りも強い
ゆでるときに、取り除いた皮をいっしょに入れると香りがあがります。

保存方法
光が当たると成長してしまうため、冷蔵庫の野菜室など冷暗所で穂先を上にして保存。湿らせたキッチンペーパーを軸に巻き、乾燥を防ぎましょう。

葉 Asparagus

食品成分の表示について

本書に掲載されている食品成分とその量はすべて「日本食品標準成分表2015年版(七訂)」に基づいています

「日本食品標準成分表」とは、文部科学省科学技術・学術審議会資源調査分科会によって公表されるもので、さまざまな食品に含まれる栄養成分の種類とその含有量の標準値が示されています。
健康維持のためには、栄養バランスのよい食事をとることが基本。
食品の栄養成分を知ることは、「どんな食品を、どれだけ食べるか」を考える際の大切なヒントになります。

15年ぶりに掲載食品数が300以上増加

2015年の「日本食品標準成分表」の改訂では、15年ぶりに内容の大幅な見直しが行われました。
それに伴い、掲載されている食品数が313点増加しています。追加された食品の例は下記の通りです。

① 日本人の伝統的な食文化を代表する食品
　　例：まだい・ひらめ・さんま(刺身)、きす・さつまいも・なす(天ぷら)　など

② 健康志向を反映した食品
　　例：発芽玄米、雑穀(五穀)、トマトジュース(食塩無添加)、
　　　　ヨーグルト(無脂肪無糖)、あまに油、えごま油　など

③ 子どものアレルギー増加に配慮した食品
　　例：米粉、米粉パン、米粉麺　など

④ 栄養成分表示の義務化にも対応した調理ずみ食品
　　例：野菜類(ゆで、炒めなど)、魚介類(フライ、焼きなど)、肉類(ゆで、焼きなど)　など

⑤ その他、一般的に利用されることが増えた食品
　　例：ベーグル、アンチョビ(缶詰)、モッツァレラチーズ、ビール風味炭酸飲料、バルサミコ酢　など

アミノ酸、脂肪酸、炭水化物の組成がわかる資料も

また、たんぱく質を構成する「アミノ酸成分表」は1221点、脂肪を構成する「脂肪酸成分表」は520点、掲載食品数が増加。さらに、炭水化物の含有量が多かったり、日常的によく食べたりする854点の食品について、炭水化物を構成するでんぷんや糖を分析した「炭水化物成分表」が新たに作成されています。一般成分としての炭水化物量は、食品100gから水分、たんぱく質、脂質、ミネラル等の合計を差し引いたものが掲載されています。ただし、「炭水化物成分表」では、炭水化物のうち、人の体内で消化・吸収してエネルギーにかえることができる利用可能炭水化物と糖アルコール(エネルギーになりにくい甘み成分など)の組成、さらに有機酸の含有量が多い96食品についてはおもな有機酸の組成も示されています。

高橋書店

おもな栄養素とそれぞれの働き

三大栄養素　エネルギー源や、体の構成材料として利用される。

たんぱく質
筋肉、臓器、皮膚といった体の組織や血液、ホルモン、酵素などの材料になる。
たんぱく質は、20種類のアミノ酸がさまざまな形で結合して構成されている。
アミノ酸のうち、体内で合成されないため、食品からとる必要がある9種類を「必須アミノ酸」と言う。

必須アミノ酸
イソロイシン、ロイシン、リシン（リジン）、メチオニン、フェニルアラニン、トレオニン（スレオニン）、トリプトファン、バリン、ヒスチジン

その他のアミノ酸
アルギニン、アラニン、アスパラギン酸、グルタミン酸、グリシン、プロリン、セリン、アスパラギン、グルタミン　など

脂質
エネルギー源となるほか、皮下脂肪として体温維持などに役立つ。細胞膜やホルモンの材料になる。
脂質を構成する成分の一種である脂肪酸は、それぞれの構造によって下記のように分類される。

飽和脂肪酸
- 悪玉コレステロールを増やす。
- 肉類、バターなどに多く含まれる。
- パルミチン酸、ステアリン酸　など

不飽和脂肪酸
- 一価不飽和脂肪酸…n-9系脂肪酸：悪玉コレステロールを減らす。オレイン酸
- 多価不飽和脂肪酸…n-6系脂肪酸：悪玉コレステロールを減らすが、とり過ぎると善玉コレステロールも減らす。リノール酸　など
- n-3系脂肪酸：悪玉コレステロール、中性脂肪を減らす。α-リノレン酸、DHA、EPA　など
- トランス脂肪酸…悪玉コレステロールを増やす。

※コレステロールも脂質の一種

糖質
エネルギー源となり、過剰な分は体内に蓄えられる。脳の唯一のエネルギー源。
「炭水化物」の含有量として示されるのは、糖質と食物繊維の合計値。

ビタミン　体の機能を調節するために使われる13種類の栄養素。

（脂溶性ビタミン）（油脂に溶けやすい）

ビタミンA
動物性食品にはレチノール、植物性食品には、体内で必要な分だけビタミンAにかわるβ-カロテンなどの形で含まれる

ビタミンD、ビタミンE、ビタミンK

（水溶性ビタミン）（水に溶けやすい）

ビタミンB群
ビタミンB_1、ビタミンB_2、ナイアシン、ビタミンB_6、ビタミンB_{12}、葉酸、パントテン酸、ビオチン

ビタミンC

ミネラル
体の機能を維持するために使われる。
「日本食品標準成分表」には、13種類について含有量が記載されている。

ナトリウム、カリウム、カルシウム、マグネシウム、リン、鉄、亜鉛、銅、マンガン、ヨウ素、セレン、クロム、モリブデン

食物繊維
人の体内で消化されない成分。腸内環境の整備、血糖値やコレステロール値の調整などに役立つ。
水に溶けやすい水溶性食物繊維と、水に溶けない不溶性食物繊維に分けられる。

機能性成分
三大栄養素、ビタミン、ミネラル、食物繊維以外の、健康維持に役立つ成分。
さまざまな食品に微量に含まれており、種類が豊富。

ポリフェノール
すぐれた抗酸化作用がある。イソフラボン、アントシアニン、カテキン　など

カロテノイド
すぐれた抗酸化作用がある。β-カロテン、リコピン　など

イオウ化合物
抗酸化作用、抗菌作用、血栓予防作用などがある。硫化アリル、イソチオシアネート　など

クロロフィル
貧血予防、コレステロール値の低下作用などがある。

など

郵便はがき

料金受取人払郵便

小石川局承認

5283

差出有効期間
平成29年4月30日まで
（切手不要）

112-8790

069

東京都文京区音羽1-26-1
株式会社高橋書店
編集部 ⑭ 行

※このはがきにご記入いただいた個人情報ならびにご意見は、弊社で責任をもって管理したうえで、弊社出版物の企画等の参考にさせていただきます。その他の目的では一切使用しません。なお、以下の項目は任意でご記入ください。			

お名前		年齢：	歳
		性別： 男 ・ 女	
ご住所　〒　　－			
電話番号　　－　　－		Eメールアドレス	
ご職業 ①学生　②会社員　③公務員　④自営業　⑤主婦　⑥無職　⑦その他（　　　）			

弊社発刊の書籍をお買い上げいただき誠にありがとうございます。皆様のご意見を参考に、よりよい企画を検討してまいりますので、下記にご記入のうえ、お送りくださいますようお願い申し上げます。

ご購入書籍　　□　新・野菜の便利帳　おいしい編
　　　　　　　□　新・野菜の便利帳　健康編

A　本書を購入されたきっかけは何ですか
　1　店頭で実物を見て　　　2　高橋書店のホームページを見て
　3　知人にすすめられて　　4　その他（　　　　　　　　　　　　　）

B　本書のご購入時に気にされた野菜についての情報は何ですか（複数回答可）
　1　おいしい食べ方　2　旬　3　栄養価　4　安全性　5　品種　6　レシピ　7　選び方
　8　その他（　　　　　　　　　　　　　　　　　　　　　　　　　　　）

C　本書の以下の点についてご意見をお聞かせください
　タイトル　　　　1　良い　2　印象になし　3　悪い　4　その他（　　　　　）
　写真、デザイン　1　良い　2　印象になし　3　悪い　4　その他（　　　　　）
　表紙　　　　　　1　良い　2　印象になし　3　悪い　4　その他（　　　　　）
　価格　　　　　　1　安い　2　適正　3　高い（希望価格：　　　円）
　内容　　　　　　1　わかりやすい　2　普通　3　わかりにくい　4　その他（　　）
　野菜の種類　　　1　多い　2　適当　3　少ない
　本の大きさ　　　1　大きい　2　適当　3　小さい
　文字　　　　　　1　大きい　2　適当　3　小さい

D　本書でためになったページとその理由をお聞かせください
（　　　　ページ：理由　　　　　　　　　　　　　　　　　　　　　　　）

E　本書でつまらなかったページとその理由をお聞かせください
（　　　　ページ：理由　　　　　　　　　　　　　　　　　　　　　　　）

本書についてお気づきの点、ご感想などをお聞かせください

ご協力ありがとうございました。

知っておきたい健康ワード

アスパラギン酸

効果と機能

アミノ酸の一種で、「アスパラギン」という名称は、アスパラガスから発見されたためにつけられたものです。エネルギー代謝にかかわるため、疲労に対する抵抗力を高めたり、スタミナを増強したりするのに役立ちます。有害なアンモニアの排泄をうながすことで、中枢神経系を守る働きもあります。

【栄】**アスパラガスの栄養は流れ出にくい**

ビタミン類やカリウムなど、アスパラガスに含まれる栄養は、成分が流失しにくいという特徴があります。

【栄】**アンチエイジングに役立つビタミン&ミネラル**

抗酸化作用の高いビタミンA、美肌づくりに効果的なビタミンC、全身の細胞に酸素を運び、体を活性化させる鉄などを多く含むので、アンチエイジングを目指す女性におすすめです。

食品成分表(可食部100gあたり)

エネルギー		22kcal
水分		92.6g
炭水化物		3.9g
無機質	カリウム	270mg
	リン	60mg
	鉄	0.7mg
	亜鉛	0.5mg
ビタミン	A β-カロテン当量	380μg
	B1	0.14mg
	B2	0.15mg
	B6	0.12mg
	葉酸	190μg
	C	15mg
食物繊維総量		1.8g

効果アップの食べ合わせ

免疫力アップ

アスパラガスには、粘膜を丈夫にするβカロテンとビタミンCが。鶏肉には粘膜をつくるたんぱく質が含まれています。

アスパラガス + 鶏肉

ストレス緩和

ストレスで消費されるたんぱく質とビタミンCを補います。

アスパラガス + いさき

高血圧予防

アスパラガスに含まれるルチン、とうふに含まれるコリンには、血圧の上昇を抑える効果があります。

アスパラガス + 豆腐

葉 Turnip rape

なばな

免疫力を高めるビタミンCが豊富

各種のビタミン、ミネラルを豊富に含んでいますが、特にビタミンCの含有量は野菜の中でトップクラス。免疫力を高めて風邪をはじめとする感染症を予防するほか、コラーゲンの生成を活発にしハリのある肌をつくったり、体をストレスから守ったりするのに役立ちます。ビタミンCは水溶性なので、調理する前に長時間水につけたりせず、短時間でさっとゆでます。ゆでたあと水にさらすとビタミンCが流れ出てしまうので、少しかための状態でざるに上げ、自然に冷ましましょう。
さらにビタミンCとともに抗酸化作用を発揮するβカロテンやビタミンEも豊富。骨の健康を守るカルシウムや腸の働きを整える食物繊維もたっぷり含まれています。

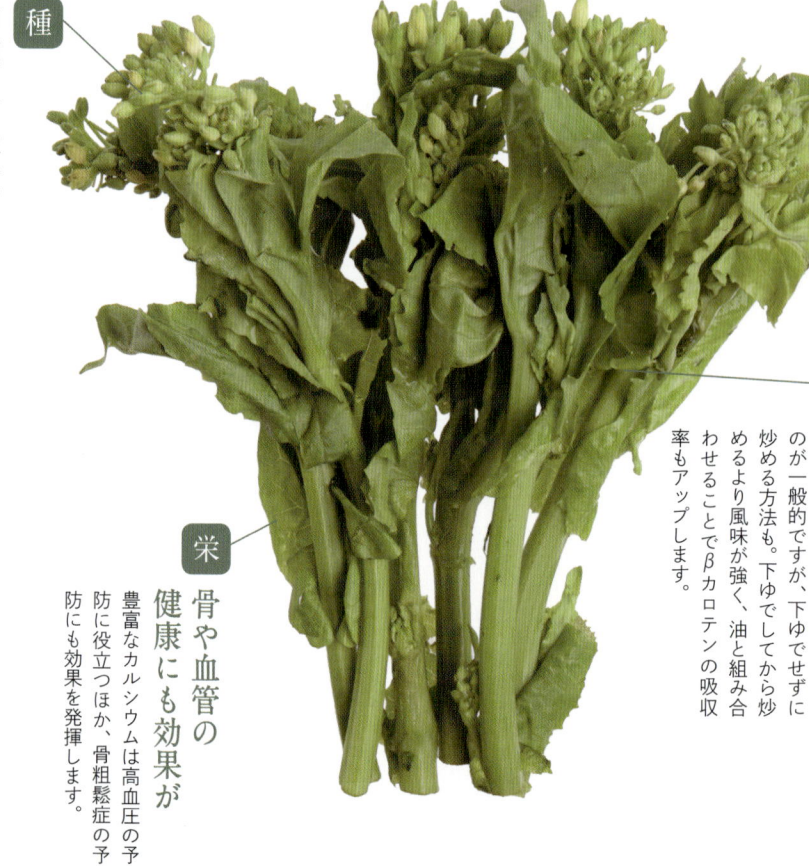

種｜和種と西洋種

なばなには、茎とつぼみ、葉を食べる和種と、おもに茎と葉を食べる西洋種があります。和種はビタミンCやE、葉酸などが多く、西洋種はカリウムやβカロテンが多めです。

保存方法

保存前に結束を解いて両手でゆすると、勢いがよみがえります。霧吹きで全体を湿らせてから新聞紙で包み、冷蔵庫で保存。つぼみが開くと味が落ちるので、2〜3日で食べきりましょう。

栄｜骨や血管の健康にも効果が

豊富なカルシウムは高血圧の予防に役立つほか、骨粗鬆症の予防にも効果を発揮します。

料｜油で炒めてβカロテンを効率よく吸収

なばなは、さっとゆでてから使うのが一般的ですが、下ゆでせずに炒める方法も。下ゆでしてから炒めるより風味が強く、油と組み合わせることでβカロテンの吸収率もアップします。

知っておきたい健康ワード

デザイナーフーズ

効果と機能

アブラナ科の野菜の健康パワーが注目されています。がん死亡者の増加が問題視されているアメリカでは、90年代にアメリカ国立癌研究所によって「デザイナーフーズ計画」が進められていました。疫学的研究データに基づいてがん予防に効果のある食品（主に野菜や果物）を分かりやすく表にまとめています。アブラナ科の野菜をはじめ、がん抑制効果が期待される食べものが「デザイナーフーズ」と呼ばれるようになりました。

がん抑制効果のある食品
（デザイナーフーズプログラムより）

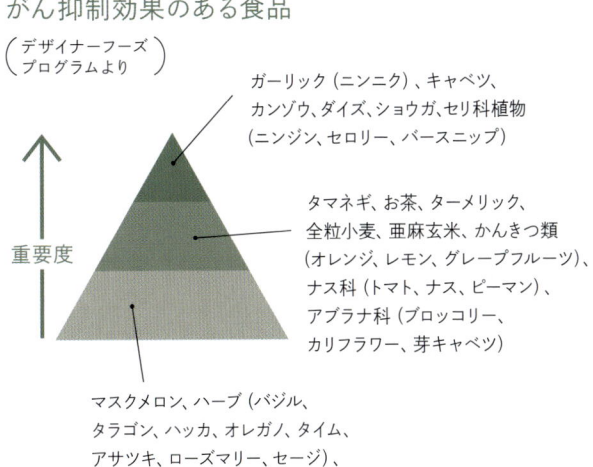

↑重要度

- ガーリック（ニンニク）、キャベツ、カンゾウ、ダイズ、ショウガ、セリ科植物（ニンジン、セロリー、パースニップ）
- タマネギ、お茶、ターメリック、全粒小麦、亜麻玄米、かんきつ類（オレンジ、レモン、グレープフルーツ）、ナス科（トマト、ナス、ピーマン）、アブラナ科（ブロッコリー、カリフラワー、芽キャベツ）
- マスクメロン、ハーブ（バジル、タラゴン、ハッカ、オレガノ、タイム、アサツキ、ローズマリー、セージ）、キュウリ、ジャガイモ、カラス麦、ベリー

栄 アブラナ科だけの栄養素

野菜の辛み成分であるイソチオシアネートは、アブラナ科の野菜に特有の成分で、辛みの強いだいこんやわさびなどに特に多く含まれています。イソチオシアネートには、がん細胞の発生を抑制する働きがあると考えられています。

食 魚や肉に添えて香りや苦みを

免疫力アップ効果を高めるには、高たんぱくの豆腐や、ビタミンEの多いきのこ類を組み合わせるとよいでしょう。ビタミンCは鉄の吸収を高めるので、レバーや小魚とのコンビもおすすめ。おひたしやからし和えにすると、独特の苦みと香りが引き立ちます。

効果アップの食べ合わせ

美肌効果
なばな ＋ 魚
たんぱく質が豊富な食材と組み合わせると、なばなのビタミンCがコラーゲンの生成を助けるため、美肌効果がアップします。

老化防止
なばな ＋ オリーブ油
油といっしょに摂ることで、β-カロテンやビタミンEの吸収率が高まります。

骨粗鬆症予防
なばな ＋ チーズ
なばなのビタミンCがチーズに含まれるカルシウムの吸収を助け、骨粗鬆症予防に効果が期待できます。

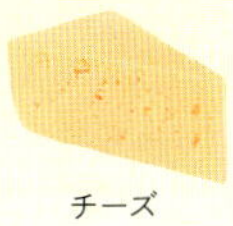

食品成分表（可食部100gあたり）

エネルギー		33kcal
水分		88.4g
無機質	ナトリウム	16mg
	カリウム	390mg
	カルシウム	160mg
	マグネシウム	29mg
	鉄	2.9mg
ビタミン	A　β-カロテン当量	2200μg
	B1	0.16mg
	B2	0.28mg
	B6	0.26mg
	葉酸	340μg
	C	130mg
食物繊維総量		4.2g

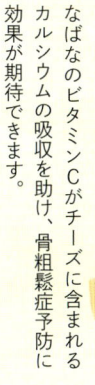

みょうが

葉 Japanese ginger

油といっしょに香りを生かして 食

香り成分には刺激性もあるので、生で食べすぎると口内やのど元に違和感を覚えることもあります。αピネンは油に溶けやすいので、油を使った料理のほうが効率よく摂ることができます。

保存方法

湿らせたキッチンペーパーで包み、冷蔵庫で保存すれば3日ほどもちます。傷みが早いので、購入したら早めに食べきりましょう。

香り成分が消化を促進

さわやかな香りの成分は、αピネン。胃液の分泌をうながして食欲アップや消化促進に役立つほか、血行をスムーズにして汗をかきやすくしたり、大脳皮質を刺激して眠気を覚ましたりする効果もあります。

みょうがはアクを抜くため、切ってから水にさらして使うことがありますが、アントシアニンは水溶性のため、切り口から流れ出てしまいます。有効成分を効率よく摂ることを考えるなら、水にさらすのはできるだけ短時間にしましょう。

表面の赤紫色は、アントシアニンによるものです。アントシアニンは、活性酸素の働きを抑えて細胞の老化を防ぐ、目の健康を守る、肝機能を高める、高血圧を予防・改善するなど、さまざまな効果を期待することができます。

効果アップの食べ合わせ

夏バテ予防

栄養価の高いうなぎに、みょうがのビタミン、B群をプラスして、さらに疲労回復効果を高めます。

みょうが + うなぎ

疲労回復

みょうがのαピネンと、豚肉のビタミンB1が疲労回復に役立ちます。

みょうが + 豚肉

食品成分表(可食部100gあたり)

エネルギー		12kcal
水分		95.6g
たんぱく質		0.9g
炭水化物		2.6g
灰分		0.8g
無機質	カリウム	210mg
	カルシウム	25mg
	マグネシウム	30mg
	鉄	0.5mg
	亜鉛	0.4mg
	マンガン	1.17mg
ビタミン	B1	0.05mg
	B2	0.05mg
	B6	0.07mg
食物繊維総量		2.1g

しそ

葉 Shiso

すぐれた抗菌・防腐作用で食中毒を予防

しそが古くから刺身のつまに使われてきたのは、食中毒の予防に有効なため。この働きを担っているのが、香り成分であるペリルアルデヒドです。抗菌・防腐作用に加え、胃酸の分泌をうながして食欲を増進させる効果もあるといわれています。

また、シソ科の植物に含まれるポリフェノールの一種・ロズマリン酸には、抗アレルギー効果も期待されています。

そのほかの栄養素では、βカロテン、ビタミンB₂、カルシウムなどが豊富。ただし、一度に食べる量が少ないため、栄養面での効果はそれほど期待しないほうがよいかもしれません。赤じそと青じその栄養成分はほぼ同じですが、赤じそにはβカロテンが少なく、ロズマリン酸が多く含まれています。

保存方法

湿らせたキッチンペーパーで包んで冷蔵庫へ入れるか、びんに水を少し張り、茎をつけてフタをします。

種 青じそ赤じそ栄養の差

しそと呼ばれているのは青じそのことで、青じそ（大葉）は変種。赤じそにはアントシアニンの一種であるシソニンが含まれています。酸と反応すると赤く発色する性質があるため、うめ干しや紅しょうがなどの色づけに用いられています。

青じそ

食品成分表(可食部100gあたり)

エネルギー		37kcal
水分		86.7g
炭水化物		7.5g
無機質	カリウム	500mg
	カルシウム	230mg
	鉄	1.7mg
	マンガン	2.01mg
ビタミン	A β-カロテン当量	11000μg
	K	690μg
	B₁	0.13mg
	B₂	0.34mg
	葉酸	110μg
	C	26mg
食物繊維総量		7.3g

効果アップの食べ合わせ

免疫力増強

しそ ＋ 牛肉

しそには抗酸化作用のあるβカロテンが豊富に含まれるため、たんぱく質をいっしょに摂ると免疫力増強アップにつながります。

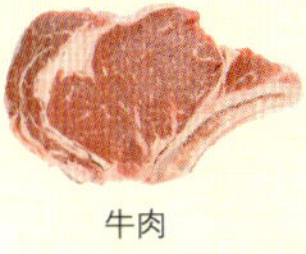

食中毒予防

しそ ＋ うめ干し

しその防腐効果は刻むことでさらにアップ。うめ干しと合わせると効果はさらに大きく、お弁当におすすめの組み合わせ。

クレソン

葉 Watercress

辛

肉料理にはぴったりの成分

クレソンの辛みは、わさびなどと同じ成分。脂質の消化を促進するので肉料理との相性がよく、生の葉には口臭予防効果も。

抗酸化力の強いビタミンがたっぷり

βカロテンが豊富な緑黄色野菜で、ビタミンCもたっぷり。細胞の老化を防ぐ働きをさらに高めるためには、ナッツや植物油など、ビタミンEを含む食材と組み合わせるとよいでしょう。さらに、たんぱく質が豊富な食材も加えれば、ビタミンCの働きでコラーゲンの生成がうながされ、肌のハリを保つ効果も高まります。ミネラルでは、貧血の予防・改善に欠かせない鉄や、骨や歯の材料となるカルシウムなどが多く含まれています。

ピリッとした辛みの成分は、わさびやからしにも含まれるアリルイソチオシアネート。すぐれた殺菌作用に加え、食欲増進や、血液をサラサラに保って血栓をできにくくする効果などもあると考えられています。

保存方法

霧吹きで葉を湿らせて新聞紙で包み、冷蔵保存。3日以内に食べきりましょう。

効果アップの食べ合わせ

血液サラサラ

クレソン ＋ 肉類

動脈硬化や血栓のもととなるコレステロールを多く含む肉類には、血液サラサラ効果のあるクレソンを添えてみましょう。

老化防止

クレソン ＋ アボカド

ビタミンC、βカロテンの豊富なクレソンに、ビタミンEの豊富なアボカドを合わせると、高い抗酸化作用が期待できます。

食品成分表(可食部100gあたり)

エネルギー		15kcal
水分		94.1g
炭水化物		2.5g
無機質	ナトリウム	23mg
	カリウム	330mg
	カルシウム	110mg
	リン	57mg
	鉄	1.1mg
ビタミン	A β-カロテン当量	2700μg
	B1	0.10mg
	B2	0.20mg
	B6	0.13mg
	C	26mg
食物繊維総量		2.5g

トレビス

血圧の上昇を抑え むくみを予防・改善

見た目は紫キャベツによく似ていますが、まったくの別種で、チコリの仲間です。一度に食べる量が少ないこともあり、それほど栄養価の高い野菜とはいえません。

比較的多く含まれているのは、体内の余分な塩分の排泄をうながし、高血圧予防やむくみの改善に有効なカリウム。そのほか、免疫力アップや美肌づくりに役立つビタミンC、糖質の代謝にかかわるビタミンB1、腸の働きを整える食物繊維なども含まれています。

トレビスの赤紫色は、アントシアニンによるもの。植物に含まれる色素の一種で、すぐれた抗酸化作用があります。また、疲れ目の予防・改善や、肝機能の改善、高血圧の予防などの効果も期待することができます。

保存方法
ラップで包み冷蔵庫の野菜室で保存します。すぐに乾燥してしまうので、早めに使いきりましょう。

色 赤紫色に含まれる色素は

赤紫色のもとになっているのは、ブルーベリーや赤じそなどにも含まれる色素・アントシアニン。水に溶け出しやすいので、長時間水にさらすのは避けましょう。

食品成分表(可食部100gあたり)

エネルギー		18kcal
水分		94.1g
たんぱく質		1.1g
炭水化物		3.9g
無機質	カリウム	290mg
	カルシウム	21mg
	リン	34mg
	鉄	0.3mg
	亜鉛	0.2mg
ビタミン	B1	0.04mg
	B2	0.04mg
	B6	0.03mg
	葉酸	41μg
	C	6mg
食物繊維総量		2.0g

効果アップの食べ合わせ

高血圧予防
トレビス ＋ 生ハム

トレビスのカリウムが生ハムの塩分排出を助けます。

抗酸化作用
トレビス ＋ パプリカ

トレビスに含まれるアントシアニンは、ビタミンCと相性が良く、高い抗酸化作用を発揮します。

糖尿病予防
トレビス ＋ あさり

トレビスの食物繊維、あさりの亜鉛は糖尿病予防に効果が期待できます。

有機野菜って、どんな野菜？

有機野菜の定義

有機野菜とは、農薬や化学肥料を使わずに育てた野菜のこと。日本では、JAS（日本農林規格）によって、公的に有機農産物の認証が行われています。

有機野菜と認められるのは、野菜や米など一年生の作物の場合は種まき・植えつけ前の2年以上、果物など多年生の場合は収穫前の3年以上、禁止されている農薬や化学肥料を使っていない田畑で栽培されたもの。さらに、種や苗も有機栽培されたものを使用すること（条件つきで有機栽培されていないものの使用が認められることもある）、周辺で使われている農薬や化学肥料が入ってこないように管理すること、収穫後、有機農産物以外の作物と混ざらないようにすることなども求められます。

こうしたルールに従って栽培したことが認められた農産物には、「有機JASマーク」がつけられます。「有機JASマーク」がないものについては、「有機」「オーガニック」の表示をすることもできません。有機野菜は割高なことがほとんどですが、それは、原則として農薬などを使えないため。除草や病害虫対策などに多くの手間がかかるからです。

特別栽培農産物に関するルール

有機農産物のほか、よく見かける表示に「特別栽培農産物」があります。これは、農薬、化学肥料のどちらかが不使用、または使用量が一定より少ないもののこと。特別栽培農産物の場合、農薬や化学肥料の使用の有無、農薬を使用した場合は農薬の種類や用途、回数を表示することが決められています。

ただし、有機農産物の定義が「JAS法（農林物資の規格化等に関する法律）」に基づいたものであるのに対し、特別栽培農産物に関するルールは、生産や流通、販売にかかわる人が自主的に守るべきとされる「ガイドライン」です。違反した際の罰則もないため、有機農産物の表示比べて信頼度はやや低めといえるかもしれません。

海藻

藻 Kelp

こんぶ

代謝を活発にする ヨウ素がたっぷり

こんぶは、「海の野菜」とも呼ばれるヘルシーな食材です。一番の特徴は、海産物がおもな供給源となるヨウ素（ヨード）が豊富に含まれることです。ヨウ素は甲状腺ホルモンの材料となり、代謝を活発にしたり成長を促進したりするのに役立ちます。ヨウ素の欠乏による病気は世界的に多く見られますが、日本で少ないのは、日頃から海産物を多くとっているからです。ヨウ素を摂りすぎるのもよくありませんが、常識的な食事をしている限り、過剰症の心配はほとんどありません。

このほか、食物繊維の一種であるアルギン酸やフコイダンも豊富。これらの成分には血圧や血糖値の上昇を抑えたり、コレステロールの排泄をうながしたりする働きがあります。

人間の体には ミネラルが必要

海藻類はミネラルを多く含んでいます。人間の体にある血液やリンパ液は、海水の成分と似ているので、こんぶに含まれるミネラルを摂ることは、体のミネラル補給にはうってつけといえるでしょう。種類にもよりますが、こんぶに含まれるミネラルは牛乳の20倍以上、カルシウムは約7倍。鉄も40倍近く含まれています。これらのミネラルは吸収率もよいので、必要量摂るように心がけましょう。

栄 アルカリ食品

酸性に傾きがちな体を、本来の弱アルカリ性に保つためには、こんぶなどの海藻類が役立ちます。

食 だしをとったあとの こんぶは？

だしをとったあとのこんぶには、アルギン酸などの成分が残っています。アルギン酸には血圧を下げ、消化酵素の働きを活発にする作用があります。

知っておきたい健康ワード

うまみ成分

効果と機能

こんぶに含まれるうまみ成分・グルタミン酸は、イノシン酸を含む食材と合わせて食べると、うまみの相乗効果でよりおいしく感じられるようになります。だしをとるときに煮干しやかつお節を合わせますが、これらにはイノシン酸がたっぷり含まれています。肉類では、豚肉にイノシン酸が豊富。沖縄料理では、「こんぶ＋豚肉」の組み合わせが昔から親しまれてきました。

効 こんぶのヨウ素で美肌づくり

甲状腺ホルモンが不足すると、肌がカサつきやすくなります。こんぶに含まれるヨウ素（ヨード）は甲状腺ホルモンの原料となるため、しっかり摂ることで肌の新陳代謝が活発になります。

ボリューム満点のごちそうおかず
こんぶの煮込みハンバーグ

材料（2人分）
- こんぶ…15cm
- 水…300mℓ
- 豚ひき肉…200g
- にんじん…約1/3本
- A
  - こしょう…少々
  - 酒…大さじ2
  - 塩…小さじ1/3
  - 食パン…1枚（細かく刻む）
- サラダ油…大さじ1
- しょう油…大さじ1/2

作り方
1. こんぶは分量の水で20分戻してから5mm角に切る。水はとっておく。
2. にんじんは粗みじん切りにする。
3. ボウルにひき肉と2を入れ、Aを表記の順に入れてよく混ぜ合わせ、4等分にして円形に成形する。
4. 1のこんぶと水を火にかけて15分煮、3を加えてさらに20分ほど煮たらしょう油で味を調える。

まこんぶ／素干し
食品成分表（可食部100gあたり）

- エネルギー……145kcal
- 水分……9.5g
- 炭水化物……61.5g
- 無機質
  - ナトリウム…2800mg
  - カリウム……6100mg
  - カルシウム……710mg
  - マグネシウム……510mg
  - リン……200mg
  - ヨウ素……200000μg
- ビタミン
  - A β-カロテン当量……1100μg
  - B1……0.48mg
  - B2……0.37mg
  - C……25mg
- 食物繊維総量……27.1g

効果アップの食べ合わせ

コレステロール対策
こんぶ ＋ いか
こんぶのアルギン酸といかのタウリンはコレステロール値を下げるのに役立ちます。

動脈硬化予防
こんぶ ＋ 大豆
こんぶには血圧を下げるカリウム、アルギン酸が含まれ、大豆には血管をしなやかにする良質なたんぱく質が含まれます。

美肌効果
こんぶ ＋ 豚肉
こんぶに含まれるヨウ素、豚肉のたんぱく質は健康な肌づくりに役立ちます。

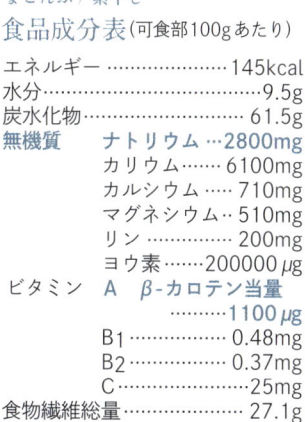

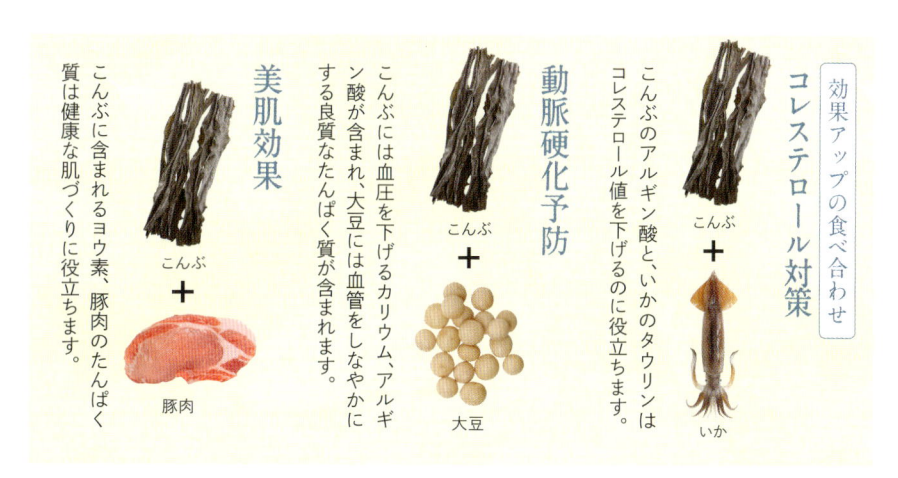

もずく

藻 Mozuku

種　流通の9割ほどが「沖縄もずく」

太くてぬめりが少ないのが特徴。その他に能登もずく、佐渡もずくなど細くてぬめりの強い品種もあります。

食　食事の最初に食べるのがおすすめ

ダイエット中の人や血糖値が気になる人は、もずくを使ったおかずを食事の最初に食べましょう。もずくには、食物繊維がたっぷり。満腹感を高めて食べる量をコントロールしやすくしたり、糖質の吸収を阻害して血糖値の急上昇を防いだりするのに役立ちます。

ぬめりの成分が高血圧や糖尿病を予防

もずくには、細くて口当たりのなめらかな「糸もずく」と、歯ごたえのある「太もずく」の2種類があります。酢のものなどに使われることが多いため、ほかの海藻に比べてたっぷり食べられる食材です。食物繊維が豊富で低エネルギーなので、肥満対策に役立ちます。このほか、骨や歯の健康を守るカルシウムやマグネシウムなどのミネラルも含まれています。

知っておきたい健康ワード

フコイダン

効果と機能

水溶性食物繊維の一種で、海藻のぬめり成分のひとつです。血圧や血糖値の上昇を抑える、コレステロールの排泄をうながす、などの生活習慣病予防効果に加え、がん細胞を死滅させたり、免疫系に働きかけてアレルギー症状を改善したりする効果も期待できるといわれています。

主な食材

もずく／わかめ／こんぶ

[食] 酢のものだけでなくみそ汁にも

加熱することで水溶性食物繊維のフコイダンが水分に溶け出し、体内に摂り入れやすくなります。スープやみそ汁などにおすすめです。

もずくの天ぷら

材料（2人分）

- 生もずく…200g
- A 天ぷら粉…100g
- 　水…120㎖
- 塩…少々
- 揚げ油…適量

作り方

1. もずくはさっと水洗いをしてざるにあげ、よく水けをきる。
2. ボウルにAを入れてよく混ぜ、もずくを加えてさらに混ぜる。
3. 2を¼量ずつすくい、170度に熱した揚げ油に入れる。
4. 浮かんできたら裏返し、さっくりとするまで揚げる。

食品成分表（可食部100gあたり）

エネルギー		4kcal
水分		97.7g
炭水化物		1.4g
無機質	ナトリウム	90mg
	カリウム	2mg
	カルシウム	**22mg**
	マグネシウム	12mg
	リン	2mg
ビタミン	A　β-カロテン当量	180μg
	B1	Tr mg
	B2	0.01mg
	B6	Tr mg
	C	0mg
食物繊維総量		1.4g

効果アップの食べ合わせ

整腸作用

もずく ＋ ヨーグルト

ヨーグルトに含まれる乳酸菌などの善玉菌を食物繊維とともに摂ると、整腸作用がより高まります。

コレステロール値低下

もずく ＋ たこ

もずくの食物繊維とたこのタウリンが、胆汁酸の排泄や生成を促進。胆汁酸の原料となるコレステロールを減らすことにつながります。

藻 Hijiki

ひじき

効率よく吸収できる カルシウムを含む

栄養面で注目したいのは、カルシウムが豊富なことです。カルシウムを骨に吸着させるためにはマグネシウムとのバランスが重要ですが、ひじきには、カルシウムとマグネシウムがほどよいバランスで含まれているという特徴もあります。カルシウムとともに骨の材料となるたんぱく質を組み合わせれば、骨の健康を守る効果がさらに高まります。また、貧血の予防・改善に役立つ鉄も含まれています。効率よく体に摂り入れるには、ビタミンCが豊富な食材といっしょに摂るのがおすすめです。

このほか、代謝を活発にするヨウ素や、生活習慣病予防などに有効な食物繊維も豊富。また、色素成分であるフコキサンチンも体への有効性が注目されています。

保存方法

乾燥したものは、密閉して常温で保存。生ひじきは、冷蔵庫で保存し、1〜2日で食べきるようにします。

色 黒色はタンニンが酸化したもの

タンニンには、中性脂肪を減らす手助けをするだけでなく、脂肪をつきにくくする作用があります。

栄 イギリスでは有害な食物？

ひじきが健康に悪影響を及ぼす食品として、イギリスの食品規格庁が摂取を控えるようにとの勧告を出しました。理由は「無機ヒ素」の量。ただし日本の乾燥ひじきはイギリスのものと比較すると無機ヒ素の含有量は少なく、それほど深刻になる必要はないそうです。でも、ダイエット食材として利用する場合は、食べすぎに注意しましょう。

食 乾物の戻し方

たっぷりの水につけ、水を2〜3回かえながら戻します。水溶性の食物繊維を含んでいるので、長時間水につけすぎないほうがよいでしょう。約8倍にふくらみます。

102

知っておきたい健康ワード

フコキサンチン

効果と機能

フコキサンチンは、海藻類に含まれるオレンジ色の色素の成分。活性酸素の働きを抑えて老化を防ぐ働きに加え、肥満の予防・改善、血糖値の上昇の抑制、発がん予防などの効果もあると考えられています。

長ひじきを使ってボリュームたっぷり

ひじきとアンチョビのパスタ

材料（2人分）
- 長ひじき（乾燥）…戻して40g
- スパゲッティ…200g
- アンチョビ…3枚
- オリーブ油…大さじ3
- A
  - にんにくのみじん切り…1片分
  - 赤とうがらしの輪切り…1本分
- 塩・こしょう…各適量

作り方
1. フライパンにひたひたの水（分量外）を入れ、ひじきを加える。ふたをして火にかけ、沸騰したら火を止めて5分おき、ざるに上げる。
2. スパゲッティを袋の表記どおりにゆでる。
3. フライパンにオリーブ油、Aを入れて火にかけ、香りが立ったらアンチョビをちぎりながら入れ、1、水気をきった2を加えて、塩、こしょうで味を調える。

あわせて炊き込むだけで簡単ミネラルごはん

ひじきの炊き込みごはん

材料（2人分）
- 芽ひじき（乾燥）…10g
- 米…2合
- 水…400ml
- 白ごま…適量
- A
  - 酒…大さじ3
  - ちりめんじゃこ…20g
  - しょうがのせん切り…1片分
  - 塩…小さじ1
  - しょう油…大さじ1

作り方
1. 米はといで分量の水に浸して30分以上おき、ひじきとAを加え、普通に炊く。
2. 器に1を盛り、ごまを散らす。

食品成分表（可食部100gあたり）

エネルギー		149kcal
水分		6.5g
炭水化物		58.4g
無機質	ナトリウム	1800mg
	カリウム	6400mg
	カルシウム	**1000mg**
	マグネシウム	640mg
	リン	93mg
	ヨウ素	**45000mg**
ビタミン	A β-カロテン当量	4400μg
	B1	0.09mg
	B2	0.42mg
	C	0mg
食物繊維総量		51.8g

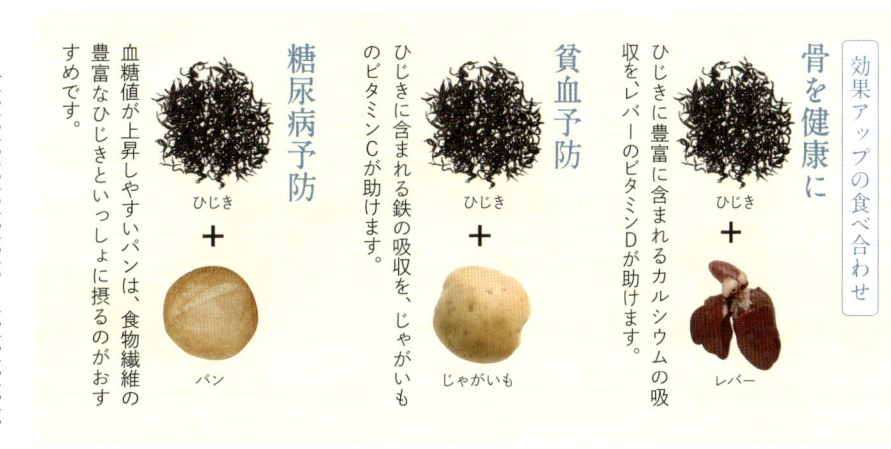

効果アップの食べ合わせ

糖尿病予防
血糖値が上昇しやすいパンは、食物繊維の豊富なひじきといっしょに摂るのがおすすめです。
ひじき ＋ パン

貧血予防
ひじきに含まれる鉄の吸収を、じゃがいものビタミンCが助けます。
ひじき ＋ じゃがいも

骨を健康に
ひじきに豊富なカルシウムの吸収をレバーのビタミンDが助けます。
ひじき ＋ レバー

藻 Laver

のり

栄 板のり1枚の栄養は？

板のり1枚には、牛乳1/5本分のたんぱく質のほか、βカロテン、ビタミンB₁、B₂、Cが含まれます。

ミネラル類や食物繊維の補給に

一度に食べる量が少ないため、栄養面での効果はそれほど期待できませんが、のりにはβカロテンやビタミンCが多く含まれています。βカロテンは体内で必要な分だけビタミンAにかわり、目や肌を健康に保ちます。さらに、βカロテンそのものにも、老化防止に役立つすぐれた抗酸化作用があります。ビタミンCは、免疫力アップや美肌づくりにかかわる栄養素です。

ミネラル類では、カルシウムと鉄が豊富。カルシウムは健康な骨や歯をつくるほか、神経の興奮をしずめて精神を安定させる働きもあります。鉄は全身の細胞に酸素を運ぶ役割を果たしているため、不足すると貧血や冷え性などの原因になります。また、腸の調子を整える食物繊維も多く含まれています。

効果アップの食べ合わせ

貧血予防

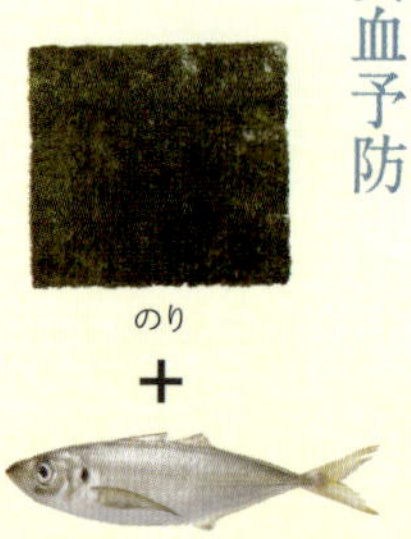

のり ＋ 魚

のりに含まれる鉄は吸収率が低めですが、動物性たんぱく質といっしょに摂ることで、吸収率を高めることができます。

保存方法

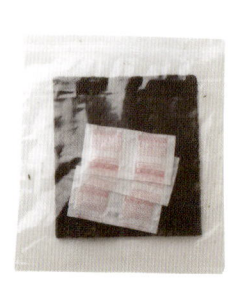

密封して保存するのが原則。乾燥剤をいっしょに入れておくと効果的です。

焼きのり
食品成分表(可食部100gあたり)

エネルギー		188kcal
水分		2.3g
炭水化物		41.4g
無機質	ナトリウム	530mg
	カリウム	2400mg
	カルシウム	**280mg**
	マグネシウム	300mg
	リン	700mg
	ヨウ素	**2100mg**
ビタミン	A β-カロテン当量	27000μg
	B1	0.69mg
	B2	2.33mg
	C	210mg
食物繊維総量		36.0g

わかめ

藻 Sea mustard

ぬめりの成分が高血圧を予防

食物繊維が豊富で低エネルギーのわかめは、肥満や生活習慣病の予防・改善のために日頃から意識して摂りたい食材のひとつです。わかめに多く含まれる食物繊維は、ぬめりの成分でもあるアルギン酸。腸の働きを整えるほか、高血圧の予防にも有効です。同じく食物繊維の一種であるフコイダンは、がん細胞を死滅させる効果などが注目されている成分です。わかめには、生、乾燥、塩蔵、塩蔵わかめの種類がありますが、塩抜きは短時間で。アルギン酸やフコイダンは水溶性食物繊維なので、長く水につけておくと溶け出してしまうからです。食物繊維のほか、ヨウ素やβカロテン、ビタミンCなども多く含まれています。

知っておきたい健康ワード

アルギン酸

効果と機能

海藻に含まれる食物繊維の一種。カリウムと結合していますが、体内でカリウムと離れ、ナトリウムを吸着して排泄されます。そのため、食塩の摂りすぎで起こる高血圧の予防・改善に有効です。また、コレステロール値を下げる働きもあります。

栄 乾燥、塩蔵、栄養の差は？

栄養価にそれほど大きな差はありませんが、水溶性の栄養素は、水で戻すときに流れ出てしまいます。長時間水につけないように注意しましょう。

食 めかぶ

ひだの多い根元は、わかめの生殖器で、胞子をつくり出す部分。アルギン酸、フコイダンなどの酸性多糖類や、ビタミン、ミネラル、脂質を豊富に含んでいます。

効果アップの食べ合わせ 吸収率アップ

わかめ + ごま油

わかめに豊富に含まれるβカロテンは、油といっしょに摂ると吸収率が高まります。

素干し 食品成分表（可食部100gあたり）

エネルギー		117kcal
水分		12.7g
炭水化物		41.3g
無機質	ナトリウム	6600mg
	カリウム	5200mg
	カルシウム	780mg
	マグネシウム	1100mg
	リン	350mg
ビタミン	A β-カロテン当量	7800μg
	B1	0.39mg
	B2	0.83mg
	B6	0.09mg
	C	27mg
食物繊維総量		32.7g

野菜にも、健康効果の表示ができる!?

健康づくりに役立つ食品

食べたり飲んだりすることで体によい効果が期待できるものとして「機能性」の表示が認められている食品には、「特定保健用食品（トクホ）」「栄養機能食品」「機能性表示食品」の3種類があります。

特定保健用食品は、健康の維持・増進に役立つ効果が科学的に認められ、効果や安全性について国が審査を行ったもの。承認された食品には、消費者庁が許可したことを示すマークとともに、「おなかの調子を整える」などの機能性を表示することが認められています。

栄養機能食品は、栄養成分の補給のために使われる食品。体への効果が確認されている栄養素・成分の種類や含有量が国の規格・基準に合っていれば、「栄養機能食品」の表示と、健康づくりに役立つことが期待できる効果の記載（表現は国によって決められている）が可能です。特定保健用食品とは異なり、国の審査等はありません。

生鮮食品の健康効果も表示が可能に

「機能性表示食品」は、2015年4月からスタートしたもの。特定保健用食品や栄養機能食品と大きく異なるのは、対象となる食品に生鮮食品も含まれることです。早い段階で表示が認められた生鮮食品には、βクリプトキサンチンを含むみかんや、大豆イソフラボンを含むもやしがあり、どちらも「骨の健康に役立つ」ことをうたっています。

機能性表示食品の場合、販売の60日前までに機能性の科学的な根拠や安全性についての情報をそろえて国に届け出をすれば、事業者の責任で、健康効果が期待できる栄養素・成分名と機能性を表示することが可能。事業者からの情報は消費者庁のウェブサイトで一般に公開されており、安全性や機能性、品質管理体制などについて、だれでも確認できるようになっています。

ハーブ

薬 Basil

バジル

神経の興奮をしずめ ストレスをやわらげる

バジルはシソ科の植物で、さわやかで甘みのある香りが特徴です。香り成分に含まれているのが、リナロールやオイゲノール、シネオールなど。緊張やストレスをやわらげ、心を落ち着かせるのに役立ちます。抗菌・抗ウイルス作用もあるため、風邪などの感染症予防にも効果が期待できます。

香 気分が落ち着く不思議な香り

バジル特有の香りには神経をしずめて精神的な疲労をやわらげる鎮静作用があり、リラックス効果が期待されます。

栄 熱を加えすぎないのが栄養ポイント

βカロテンは、油との相性がよいため、オリーブ油などを加えたバジルソースはβカロテンの補給に有効。熱で壊れやすい栄養素もあるので、加熱しすぎないほうがよでしょう。

効果アップの食べ合わせ｜抗酸化作用

バジル ＋ くるみ

抗酸化作用の高い食材同士を組み合わせて、効果アップ。ペーストにするのもおすすめ。

食品成分表 (可食部100gあたり)

エネルギー	24kcal
水分	91.5g
炭水化物	4.0g
無機質 ナトリウム	1mg
カリウム	420mg
カルシウム	240mg
鉄	1.5mg
亜鉛	0.6mg
ビタミン A β-カロテン当量	6300μg
B1	0.08mg
B2	0.19mg
B6	0.11mg
C	16mg
食物繊維総量	4.0g

ミント

スーッとする香りでリフレッシュ

ミントにはさまざまな種類がありますが、ハーブとして料理によく使われるのが、ペパーミントとスペアミントです。

ペパーミントの主成分は、メントール。鎮痛効果があるため、頭痛などをやわらげるのに役立ちます。また、消化促進やリフレッシュ効果もあります。ペパーミントより甘さのあるスペアミントの香りは、カルボンによるもの。期待できる効果は、メントールとほぼ同じです。

ペパーミント

刺激的な清涼感があり、その成分はメントール。ほかにメントン、シネオール、メンチルアセテートなど。

スペアミント

ペパーミントより葉が大きく、少し青くささがある。香りの主成分はカルボン、リモネン、フェナンドレンなど。清涼感は少し弱いが欧米ではポピュラーな品種。

クールミント

ミント類の中ではメントールが豊富。苦みと樟脳臭があるので、料理には向かないが、医薬品や菓子に使われている。

保存方法

湿らせたキッチンペーパーで包み、ポリ袋に入れて冷蔵庫で保存します。

効果アップの食べ合わせ

消化促進

ミント ＋ 肉類

脂肪の多い肉料理には、ミントを添えて。香りのアクセントになり、消化促進効果も期待できます。

セージ

香り成分が消化を促進

セージは、古くから薬用植物として利用されてきました。香りのもとは、ツヨンやシネオール。リフレッシュ効果のほか、消化促進、血行改善などに有効。抗酸化作用のあるタンニンも含まれています。

栄 リラックス効果に期待

精油成分には、殺菌作用や組織を縮める収れん作用があるため、中医学では、のどの炎症や胃腸炎、解熱のための薬として使われます。消化を助ける効果やイライラをしずめる効果も。

保存方法

キッチンペーパーで包み、ポリ袋に入れて冷蔵庫の野菜室に。3～4日は保存可能です。

オレガノ

呼吸器系の不調を改善

オレガノは、清涼感のある香りが特徴。チモール、カルバクロールといった成分が含まれており、頭痛やせきの改善、イライラをしずめる効果などが期待できます。

香 ドライにするとより強く香る

生の葉よりも、ドライにしたもののほうが香りがあります。ピザスパイスと呼ばれるものは、オレガノが主成分。

栄 ムカムカの胃もすっきり

胃もたれする食後や少し疲れたときに、ハーブティーとして。飲んでもよいですし、濃いめに淹れればうがい液にもなります。

ローズマリー

老化防止に役立つ若返りのハーブ

ローズマリーの清涼感のある強い香りは、ボルネオール、シネオールなどによるもの。活性酸素の働きを抑えて老化を防ぐほか、消化不良の改善、集中力アップなどにも役立ちます。

保存方法

コップなどに水を張り、そこに茎の根元を切ってから挿しておきます。冷蔵庫で保存しても1週間近くもちますが、乾燥して葉が取れてくるので要注意。

タイム

殺菌効果で食中毒を予防

タイムにはチモールやオイゲノールなどの香り成分が含まれており、すぐれた殺菌作用があることから、肉・魚料理に利用されてきました。胃の働きを整えたり、風邪などを予防したりする働きもあるといわれています。

栄 二日酔いにも効果あり

タイムの香りには二日酔いをやわらげる効果もあるといわれています。ハーブティーとして使うと、より効果を感じやすいようです。

コリアンダー

薬 Coriander

くせになる香りはアジアで広く人気

別名はパクチー、アジア料理には欠かせないハーブです。強烈な香りだけでなく、豊富なビタミン類に注目。疲労回復に役立つビタミンB₁や粘膜を保護するビタミンB₂、さらに強い抗酸化力があるβカロテンやビタミンC、Eなども豊富です。また、体の調子を整えるために欠かせないさまざまなミネラル類も含まれています。体内の有害な重金属を排出する「キレート作用」のある食材として近年注目されていますが、有害物質以外の金属も体外へ排出する効果があるので、摂りすぎには注意しましょう。

保存方法

枝を株近くから切り落とし、根と葉を分けて保存します。葉は湿らせた新聞紙などで包んで、ポリ袋に入れ、冷蔵庫の野菜室に入れます。

根　本場のタイでは根も使う

葉よりも香りが強いので、トムヤムクンなどの煮込み料理には、潰して使います。

効果アップの食べ合わせ

疲労回復

コリアンダー ＋ にんにく

にんにくに含まれる硫化アリルが、糖質をエネルギーにかえるビタミンB₁の働きを持続させるため、疲労回復に役立ちます。

レモンバーム

さわやかな香りは
ストレス対策にも

レモンバームはシソ科の植物で、「メリッサ」とも呼ばれています。シトロネラール、シトラールなどの香り成分が含まれており、気分を落ち着かせたり消化を促進したりするほか、風邪の症状をやわらげる効果もあると考えられています。

保存方法

湿らせたキッチンペーパーで包み、ポリ袋に入れて冷蔵庫の野菜室で保存しましょう。温度が低すぎると葉が黒く変色してしまうので要注意。

栄 長生きできるヒミツの葉

古くから長寿のシンボルとされています。13世紀、グラモーガン公ウェリンという人が、毎日レモンバームティーを愛飲していたおかげで108歳まで生きたという伝説があるほど。

チャイブ

血液サラサラ
効果に期待

ねぎの仲間のチャイブには、イオウ化合物が多く含まれています。消化促進や食欲増進、血液をサラサラにして血栓をできにくくする効果などが期待できます。

効 貧血予防におすすめのハーブ

チャイブには、貧血予防に効果のある鉄と、鉄の吸収を高めるビタミンCが両方含まれます。ヨーロッパの民間療法では、貧血症の改善に使われていたといわれています。

緑茶

不老長寿の薬とまでいわれた緑茶

渋みのもととなっている成分カテキンは最近の研究で、がんの抑制などさまざまな効果があることがわかってきました。カテキンの一種であるエピガロカテキンガレートと呼ばれる成分には、ビタミンCの10倍、ビタミンEの20倍もの抗酸化力が期待されています。日本人の緑茶を飲む習慣は、健康維持にとても有効だといえます。

カテキンに加え、緑茶には、βカロテン、ビタミンC、ビタミンEが含まれています。高い抗酸化作用によって細胞が酸化されるのを防ぐため、老化防止に役立ちます。

葉 紅茶も緑茶も同じ茶葉

煎茶は、収穫した生葉を蒸し、もんで乾燥させたものです。紅茶やウーロン茶も、煎茶と同じ茶の木からつくられますが、製法が違い、栄養にも差があります。

保存方法

密閉容器に入れ、日光の当たらない場所で常温保存。未開封のものを長期保存する場合は冷蔵庫へ。使う際は早めに冷蔵庫から出し、常温に戻してから開封します。

種 カテキンの多い種類は？

お茶の有効成分「カテキン」は、日光を浴びて育った葉に多く含まれます。そのため、直射日光を避けて育てる玉露や、茎の多い番茶よりも、煎茶のほうがカテキンを豊富に含んでいます。

栄 カフェインが心配？

一般的な緑茶（煎茶）には、100g（約2分の1カップ）あたり約20mgのカフェインが含まれており、これはコーヒーの約3分の1の量です。とはいえ、カフェインには興奮作用があるので、寝る前にお茶やコーヒーを飲まないこと。摂りすぎると人によっては頭痛が起こることもあるので注意。

知っておきたい健康ワード

カテキン

効果と機能

ポリフェノールの一種であるカテキンにはすぐれた抗酸化作用があり、発がんや転移の予防に有効なことがわかっています。また、悪玉コレステロールを減らす、糖の吸収を緩やかにして血糖値の上昇を抑える、高血圧を予防・改善する、といった健康づくりに役立つ作用も。日本の高齢者を対象にした調査から、緑茶を多く飲む人は認知機能低下のリスクが低くなるという結果が得られています。

主な食材

玉露／煎茶／番茶

[食] おいしい飲み方

温度は上等な煎茶で60～70℃が目安。一度沸騰させてから冷ました湯を使います。急須と湯のみはあらかじめ温めておき、茶さじ1杯×人数の茶葉と湯を急須に入れ、フタをして2分ほど蒸らします。

[栄] 抹茶で丸ごと栄養摂取

茶葉を乾燥させ粉末状にした抹茶なら、お茶の栄養を丸ごと摂ることができます。水溶性成分のカテキンやカフェインに加えて、不溶性食物繊維など水に溶けない成分も摂ることができます。

[栄] 認知症防止に期待も

緑茶は食品の中でもっともよく抗酸化性について研究が進められているといってもよく、抗酸化作用にはじまり、がん、高血圧に対する効果、抗菌作用などさまざまです。ほかにも認知症の予防効果などが明らかにされつつあり、今後の研究が期待されます。

[栄] お茶のうまみは？

お茶のうまみは「テアニン」という成分によるもの。リラックス効果に加え、高血圧の予防改善にも役立つといわれています。

緑茶（玉露）
食品成分表（可食部100gあたり）

エネルギー		329kcal
水分		3.1g
たんぱく質		29.1g
炭水化物		43.9g
無機質	カリウム	2800mg
	カルシウム	**390mg**
	リン	410mg
	マンガン	71.00mg
ビタミン	A β-カロテン当量	**21000µg**
	K	4000µg
	B2	1.16mg
	ナイアシン	6.0mg
	B6	0.69mg
食物繊維総量		43.9g

[効果アップの食べ合わせ] 貧血防止

あさり ＋ 緑茶

あさりは、体に効率よく吸収される動物性の鉄が豊富。緑茶のビタミンCと組み合わせることで、吸収率がさらにアップします。

栄養を守る保存方法の基本

低温の場所で湿度を保つ

野菜は、収穫されたあとも呼吸を続けています。呼吸によって細胞に酸素をとり入れ、糖などを分解して生きるのに必要なエネルギーにかえているのです。そのため、エネルギー源となる糖やアミノ酸のほか、ビタミンなども保存している間に減っていきます。

食べる前に栄養をできるだけ減らさないようにするためには、温度と湿度に気を配って保存するのが基本です。野菜やくだもの類の保存にはそれぞれ適温がありますが、原則として低温で保存を。温度が低いと野菜の呼吸が抑えられるため、使われるエネルギーの量も少なくなるからです。また、湿度が高いほど、ビタミンCの損失が少ないこともわかっています。野菜をラップや湿らせたキッチンペーパーなどで包んで保存するとよいのはそのためです。

ただし、なすやきゅうりといった夏野菜やさつまいも、暖かい環境で育つ果物類などは、冷蔵庫に入れると色がかわったり、やわらかくなったりしてしまうことがあります。これを「低温障害」といい、見た目や食感の変化に加え、ビタミンCなどの減少も進みます。低温に弱い野菜は、室内の涼しい場所で保存するようにしましょう。

ただし、真夏や真冬など、室温が極端に高くなったり低くなったりする時期には、冷蔵庫に入れておいても大丈夫でしょう。

保存するときの「姿勢」にも注目

野菜類は、「育つときと同じ姿勢で保存するとよい」といわれています。これが当てはまるのは、そのまま室温で保存する場合。不自然な姿勢がストレスになり、「成熟ホルモン」が多く発生して傷みやすくなるのです。でも、低温で保存する場合、成長が抑制されるのでそれほど姿勢にこだわらなくても大丈夫でしょう。

湿度が高いほうが安心。おいしさと栄養価を保つため、環境や季節に応じて、それぞれに合った方法で保存することを心がけましょう。

きのこ類

しいたけ

茸 Shiitake mushroom

エリタデニンが悪玉コレステロールを減らす

食物繊維が豊富で低エネルギー。食物繊維は腸の働きを整えるほか、糖質の吸収を緩やかにして血糖値の急激な上昇を防ぐ、余分なコレステロールを排泄するなど、生活習慣病の予防に役立つ働きも備えています。また、きのこに含まれるβグルカンという食物繊維には免疫力を高める作用があり、がんを抑制する効果があることも知られています。

エリタデニンは、きのこの中でもしいたけ特有の成分。悪玉コレステロールを減らして善玉コレステロールを増やしたり、血圧の上昇を抑えたりする効果が期待できます。このほか、ビタミンDの補給に役立つエルゴステロールも注目したい成分です。

保存方法
軸を上にして新聞紙で包み冷蔵庫の野菜室で保存しましょう。

傘 胞子が鮮度のポイント
かさの中にある胞子が落ちてしまうと鮮度が落ちやすくなるので、かさのひだを上に向けて保存しましょう。

凍 凍らせるとおいしさアップ
冷凍保存すると酵素の働きによって細胞膜が壊され、うまみ成分が出やすくなります。

118

知っておきたい健康ワード

エルゴステロール
（エルゴステリン）

効果と機能

ビタミンDには、ビタミンD_2とD_3があります。エルゴステロールはビタミンD_2の前駆物質で、紫外線に当たるとビタミンD_2にかわります。ビタミンDのおもな働きは、カルシウムの吸収率を高めること。調理する前、しいたけを30分ほど日光に当てることでビタミンDを効率よく摂ることができます。日光に当てるときは、エルゴステロールが多いかさのひだを上にしておくとよいでしょう。

栄 骨には太陽光とビタミンD

ビタミンDは、カルシウムの吸収を助けるほか、常につくりかえられている骨の代謝にもかかわっているため、不足しないように注意が必要です。ただし、エネルギー摂取が十分であれば、コレステロールの一種を材料にして体内でもビタミンDが合成されます。合成には紫外線も必要なので、日常生活の中で適度に日光を浴びることも大切です。

栄 低カロリー食品

栄養価の高さに比して、カロリーは100gで19kcalと低く、ダイエット食材としても極めて優秀です。

菌床栽培、生
食品成分表（可食部100gあたり）

エネルギー		19kcal
水分		90.3g
たんぱく質		3.0g
炭水化物		5.7g
無機質	カリウム	280mg
	マグネシウム	15mg
	リン	87mg
	鉄	0.3mg
	亜鉛	1.0mg
	マンガン	0.22mg
ビタミン	B_1	0.13mg
	B_2	0.20mg
	B_6	0.21mg
	C	0mg
食物繊維総量		4.2g

効果アップの食べ合わせ

骨粗鬆症予防
しいたけ ＋ 豆腐

しいたけに含まれるビタミンDが、豆腐のカルシウムの吸収を助けます。

動脈硬化予防
しいたけ ＋ 鯵

しいたけのエリタデニン、鯵のDHAとEPAには悪玉コレステロールを減らす効果があります。

がん予防
しいたけ ＋ アスパラガス

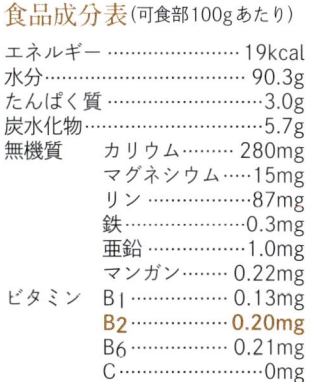

しいたけ、アスパラガスはどちらもがん予防の効果が期待できる食材です。

なめこ

茸 Nameko mushroom

ムチンのぬめりで胃潰瘍や胃炎を予防

なめこのぬめりは、やまのいもなどと同じムチンによるもの。ムチンは胃の粘膜を守るほか、たんぱく質の消化吸収を助けたり、肝臓や腎臓の機能を高めたりするのにも役立ちます。このほか、カルシウムの吸収率を高めるビタミンDや、血圧の上昇を抑えるカリウムなどの補給源としても優秀です。

ほかのきのこと同様、食物繊維が豊富。食物繊維は腸内環境の改善に加え、血糖値やコレステロール値の上昇を抑える働きもあるため、生活習慣病の予防に欠かせない成分とされています。こうした働きに加え、きのこ類に含まれるβグルカンには免疫力を高める効果があり、抗がん作用も期待することができます。

粘膜
体に潤いを与える成分も

ムチンのほか、コンドロイチン硫酸という成分も、わずかに含まれます。組織に保水性や弾力性を与えるため、美肌づくりや、スムーズに動く関節の維持に役立ちます。

保存方法

ポリ袋に入れて冷蔵庫で保存します。日もちしないので1〜2日で使いきりましょう。

効果アップの食べ合わせ

消化促進
なめこ ＋ だいこん

なめこのムチン、だいこんのアミラーゼやオキシターゼは、ともに消化促進に役立ちます。

骨粗鬆症予防
なめこ ＋ ちりめんじゃこ

なめこに含まれるビタミンDが、ちりめんじゃこのカルシウムの吸収を助けます。

食品成分表（可食部100gあたり）

エネルギー		15kcal
水分		92.4g
たんぱく質		1.7g
炭水化物		5.2g
無機質	**カリウム**	**230mg**
	カルシウム	4mg
	マグネシウム	10mg
	リン	66mg
	鉄	0.7mg
	銅	0.11mg
ビタミン	B1	0.07mg
	B2	0.12mg
	ナイアシン	5.1mg
	パントテン酸	**1.25mg**
食物繊維総量		3.3g

茸 Jew's-ear

きくらげ

ビタミンDがカルシウムの吸収率をアップ

きのこの中では、鉄やカルシウムの含有量が多めです。全身の細胞に酸素を運ぶ役割を果たしている鉄は、貧血の予防・改善のためにしっかり摂りたい成分。カルシウムは、健康な骨や歯をつくるほか、イライラをしずめて精神を安定させる働きも備えています。きくらげからはカルシウムの吸収率を高めるビタミンDも摂れるので、効率のよいカルシウムの補給源といえます。きくらげのビタミンDは、前駆物質であるエルゴステロールとして含まれ、日光を浴びることでビタミンDに変化します。そのため、調理する前に日光に当てることで、ビタミンDの摂取量を増やすことができます。免疫力アップに役立つβグルカンなどの食物繊維も豊富に含まれています。

保存方法

戻したものは水けをよくきり、くっつかないようキッチンペーパーに挟んで保存袋に入れ、冷蔵庫で保存します。

きくらげ（ゆで）
食品成分表(可食部100gあたり)

エネルギー		13kcal
水分		93.8g
たんぱく質		0.6g
炭水化物		5.2g
無機質	カリウム	37mg
	カルシウム	25mg
	マグネシウム	27mg
	リン	10mg
	亜鉛	0.2mg
	マンガン	0.53mg
ビタミン	B1	0.01mg
	B2	0.06mg
	B6	0.01mg
	葉酸	2μg
食物繊維総量		5.2g

効果アップの食べ合わせ
骨粗鬆症予防

きくらげ ＋ 小魚

骨の材料となるカルシウムは、ビタミンDといっしょに摂ることで吸収率が高まります。

食

生か乾物か？

近年では、乾物だけでなく国産の生きくらげの生産も盛んになってきました。生は、乾燥したものに比べて食感に弾力があります。日に当てるとビタミンDが増えるので、吸収効率もアップします。

茸
King trumpet mushroom / Common mushroom

エリンギ

食物繊維がたっぷり

歯ざわりのよいエリンギは食物繊維が豊富。腸内環境の改善や生活習慣病の予防に役立ちます。なかでもβグルカンという食物繊維には、免疫力アップ効果もあると考えられています。高血圧予防に有効なカリウムや、糖質やたんぱく質代謝で重要なナイアシン、光にあたると体内でビタミンDに変わってカルシウムの吸収率を高めるエルゴステロールなども含まれています。

保存方法
水分がついていると傷みやすいので、ラップで包み、水けをふいてラップで包み、冷蔵庫の野菜室で保存しましょう。

食品成分表（可食部100gあたり）
エネルギー		19kcal
水分		90.2g
たんぱく質		2.8g
炭水化物		6.0g
無機質	カリウム	340mg
	リン	89mg
	亜鉛	0.6mg
	銅	0.10mg
ビタミン	B1	0.11mg
	B2	0.22mg
	ナイアシン	6.1mg
	B6	0.14mg
	葉酸	65μg
	パントテン酸	1.16mg
● 食物繊維総量		3.4g

マッシュルーム

低エネルギーのボリュームアップ食材

きのこの中でも、特に低エネルギー。味にくせがないので、満腹感を高めるための「かさ増し食材」として活躍します。余分な塩分の排泄をうながすカリウムや腸の調子を整える食物繊維、脂肪の燃焼やコレステロールをつくる際に重要なパントテン酸などが比較的多いため、生活習慣病の予防に有効です。ほかのきのこと同様、ビタミンDの補給源としても優秀です。

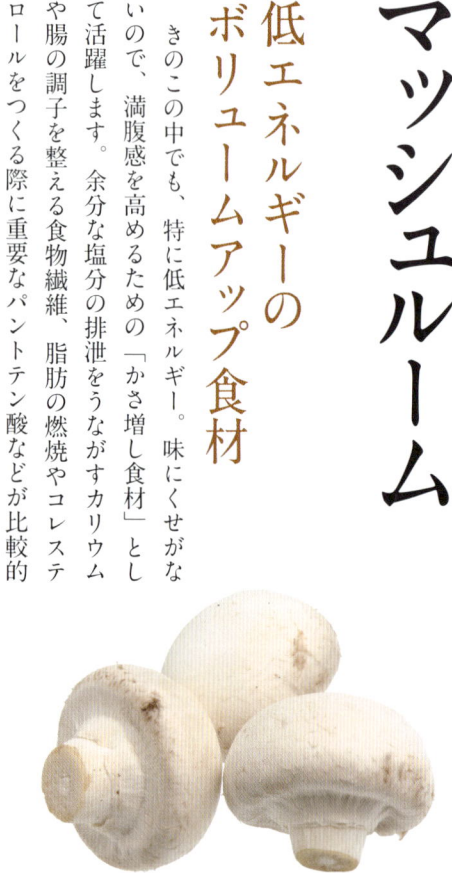

保存方法
ラップで包んで冷蔵庫の野菜室に入れ、早めに食べきりましょう。切り口は変色しやすいのですが、レモン汁をかけておくと防止できます。

食品成分表（可食部100gあたり）
エネルギー		11kcal
水分		93.9g
● たんぱく質		2.9g
炭水化物		2.1g
無機質	ナトリウム	6mg
	カリウム	350mg
	リン	100mg
	鉄	0.3mg
	銅	0.32mg
ビタミン	B1	0.06mg
	B2	0.29mg
	ナイアシン	3.0mg
	B6	0.11mg
	パントテン酸	1.54mg
● 食物繊維総量		2.0g

茸
Shimeji mushroom / Maitake mushroom

しめじ

生活習慣病予防に！

しめじとして一般に出回っているのは、本しめじとは種類が異なるぶなしめじやひらたけがほとんどです。ぶなしめじの栄養面の特徴は、生活習慣病予防に役立つ食物繊維や、ビタミンDにかわるエルゴステロール、エネルギー代謝にかかわるビタミンB₂などが多いこと。ひらたけには、免疫力を高めるレクチンも含まれています。

保存方法

ぬれると傷みやすいので、パックごとまたは保存袋に入れて冷蔵庫の野菜室で保存しましょう。

ぶなしめじ
食品成分表（可食部100gあたり）

エネルギー		18kcal
水分		90.8g
たんぱく質		2.7g
炭水化物		5.0g
無機質	カリウム	380mg
	マグネシウム	11mg
	リン	100mg
	亜鉛	0.5mg
ビタミン	D	0.6μg
	B₁	0.16mg
	B₂	0.16mg
	ナイアシン	6.6mg
	パントテン酸	0.86mg
	C	0mg
食物繊維総量		3.7g

まいたけ

特有成分で免疫力アップ

まいたけで注目したいのは、きのこ類の中でも特に免疫力アップに役立つβグルカンが豊富なこと。ビタミンB₁とB₂も多く含まれているので、炭水化物の多い食材と組み合わせるとエネルギー代謝に有効でしょう。血糖値や中性脂肪値の上昇を抑えたり、免疫力を高めたりする効果があると考えられています。

保存方法

パックのまま、または新聞紙で包んでポリ袋に入れ、冷蔵庫の野菜室で保存します。

食品成分表（可食部100gあたり）

エネルギー		15kcal
水分		92.7g
たんぱく質		2.0g
炭水化物		4.4g
灰分		0.6g
無機質	カリウム	230mg
	リン	54mg
	鉄	0.2mg
	亜鉛	0.7mg
	銅	0.22mg
ビタミン	B₁	0.09mg
	B₂	0.19mg
	ナイアシン	5.0mg
	葉酸	53μg
食物繊維総量		3.5g

野菜の栄養を守る加熱方法 ——ゆでる・煮る・蒸す——

「水につける」時間をできるだけ短く

ビタミンB群、C、カリウムといった水溶性の成分は、水に溶け出す性質があります。そのため、煮たり蒸したりする調理法では、ゆで汁や煮汁につけておく時間を少しでも短くすることが大切です。青菜などは、ゆでたあと水にさらすことがありますが、このときにも栄養素は失われていきます。短時間でさっとゆで、ざるなどに広げてそのまま冷ます「おか上げ」で仕上げましょう。水にさらさない場合、加熱後も余熱で熱が加わり続けるので、ゆで時間も短縮することができます。アクが少ない野菜なら、蒸したり電子レンジで加熱したりするのもよい方法。たっぷりの水でゆでる方法に比べて、栄養素の流出量を抑えられます。

味のついた煮汁で野菜を煮る場合も、ゆでるときと同様に水溶性の成分が溶け出していきます。効率よく栄養を摂るためには、汁ものやスープのように煮汁ごと食べられるメニューがおすすめです。煮ものの場合はとろみをつけ、煮汁が野菜にからみやすくするなどの工夫をしてみましょう。ただし、煮汁も食べる場合、塩分の摂取量も多くなりがちです。濃い目のだしやスープで味にメリハリをつけ、塩味は控えめにすることを心がけましょう。

栄養素の損失は食べる量を増やすことでカバー

野菜をゆでるのは、おもにかたいものをやわらかくしたり、いやな味のもとであるアクを抜いたりするためです。また、野菜を加熱すると細胞壁が壊れて栄養素などが細胞の外に出やすくなるため、栄養素の吸収率も高まります。このほか、かさが減ってたくさん食べられるようになることも、加熱のメリットのひとつ。ゆでたり煮たりする際に失われる栄養素はありますが、食べる量を含めて考えると、栄養の供給源としては、生野菜より温野菜のほうが優秀だといえるでしょう。

124

根菜

さといも

根 Taro

消化吸収を促進し免疫力をアップ

主成分はでんぷんですが、水分が多いため、いも類の中では低エネルギー。カリウムが豊富なため、血圧が気になる人にもおすすめです。腸の働きを整え、血糖値やコレステロール値のコントロールにも役立つ食物繊維や、糖質をエネルギーにかえるときに必要なビタミンB_1もたっぷり含まれています。

皮をむいたときのぬめりの成分は、ガラクタンとムチンです。ムチンには粘膜を保護する作用があるため、胃の働きを守って消化吸収を助けるほか、風邪などの感染症の予防にも有効。ガラクタンには、免疫力アップに加え、血圧やコレステロール値の上昇を抑える働きがあります。

保存方法

熱帯地方原産なので高温多湿を好み、乾燥や寒さに非常に弱い食材です。泥つきなら新聞紙で包み、常温で保存します。2週間を目安に食べきりましょう。

熱 煮込むとおいしさアップ

成分のほとんどがでんぷん。加熱することで消化吸収しやすくなります。

泥 泥つきのものがおいしい

泥を洗い落としたものは便利ですが、薬品などで漂白されていることもあるので、なるべく泥つきをおすすめします。

知っておきたい健康ワード

カリウム

効果と機能

ナトリウムとともに、細胞の浸透圧を正常に保つために働くミネラルです。食塩の主成分であるナトリウムの摂取量が多いと、カリウムの働きで余分なナトリウムが排泄されます。そのため、食塩の摂りすぎによって起こる高血圧の予防・改善に有効です。

主な食材

こんぶ／干しひじき／松藻／パセリ／よもぎ／アボカド

食　煮ものには ぬめりを軽く取って

さといもにはぬめりが多いため、煮汁がねばりにごりが出て、調味料が染み込みにくい野菜です。塩で軽くもみ、水から煮てぬめりを取るなどの下ごしらえをしてから煮れば、煮汁のにごりも防げます。ただし、長時間火を通しすぎるとぬめりが落ちてしまい、有効成分がいかせなくなります。

効　便秘を改善して 美肌をつくる

さといもの食物繊維は、美肌効果も期待できます。にきびや肌荒れといった肌トラブルの原因のひとつに、便秘が挙げられます。腸の働きを活発にする食物繊維は、便秘の予防・改善に最適。日本人には不足しがちなので、日頃から意識してしっかり摂りましょう。

食品成分表（可食部100gあたり）

エネルギー		58kcal
水分		84.1g
たんぱく質		1.5g
炭水化物		13.1g
灰分		1.2g
無機質	カリウム	640mg
	リン	55mg
	鉄	0.5mg
	亜鉛	0.3mg
	銅	0.15mg
	マンガン	0.19mg
ビタミン	B1	0.07mg
	B2	0.02mg
	C	6mg
食物繊維総量		2.3g

効果アップの食べ合わせ

美肌効果

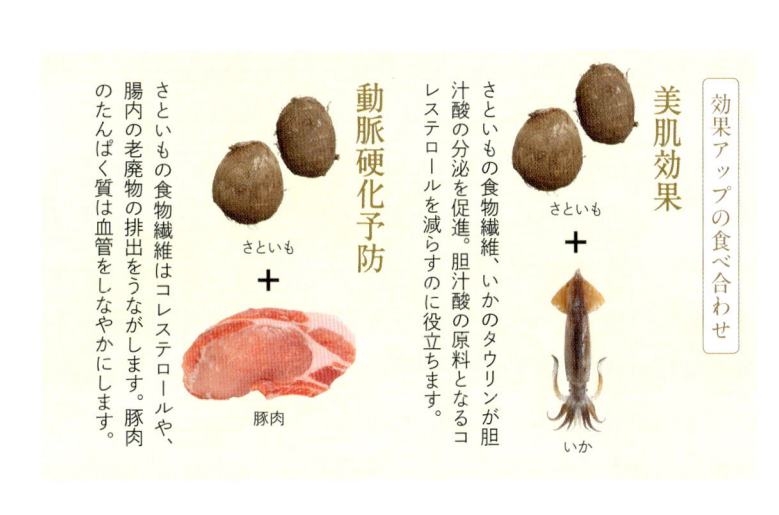

さといも ＋ いか

さといもの食物繊維、いかのタウリンが胆汁酸の分泌を促進。胆汁酸の原料となるコレステロールを減らすのに役立ちます。

動脈硬化予防

さといも ＋ 豚肉

さといもの食物繊維はコレステロールや、腸内の老廃物の排出をうながします。豚肉のたんぱく質は血管をしなやかにします。

じゃがいも

根 Potato

感染症予防に役立つビタミンCがたっぷり

じゃがいもの特徴のひとつが、ビタミンCが豊富なこと。ビタミンCは加熱によって壊れやすい成分ですが、じゃがいもに含まれるビタミンCはでんぷんに包まれているため、加熱による損失が少ないのが特徴です。ビタミンCには、抗酸化作用によって細胞の老化を防ぎ、免疫力を高める働きなどがあります。たんぱく質といっしょに摂ればコラーゲンの生成をうながし、ハリのある肌をつくる効果も期待できます。

体内の塩分を調節して高血圧を防ぐカリウムも豊富。生活習慣病予防のためにしっかり摂りたい食物繊維も含まれています。芽と皮の緑色になった部分には、有害なソラニンが含まれているので、調理の際にきちんと取り除きましょう。

皮
全体の20％にあたる栄養が
じゃがいもの皮には、食物繊維、ビタミンB6などが豊富に含まれています。

栄
新じゃがにはビタミンC
貯蔵期間の短い新じゃがは貯蔵期間のながいものより、ビタミンCが豊富。

実
中心には「ギャバ」が多い
アミノ酸の一種で、血圧のコントロールや精神安定にも役立つことが報告されています。

毒
緑の部分はしっかり取りのぞく
発芽した部分や、皮が緑色になった部分にはソラニンが含まれているので、芽のまわりを取り除き、皮は厚めにむきます。ソラニンは水溶性なので、皮をむいたあと、水にひたすとよいでしょう。

保存方法
0〜8℃、乾燥しないように貯蔵するとよいです。

知っておきたい健康ワード
クロロゲン酸

効果と機能

じゃがいもに含まれるクロロゲン酸はすぐれた抗酸化物質で、活性酸素の害から体を守るのに役立ちます。このほか、食後の血糖値の上昇を緩やかにしたり、脂肪の蓄積を抑えたりする働きもあると考えられています。じゃがいもの場合、クロロゲン酸はおもに皮に含まれるので、調理法を工夫して皮ごと食べるようにしましょう。

主な食材
なす／アーティチョーク／にんじん／じゃがいも／トマト

シャキシャキ感を楽しむ
じゃがいもの にんにくしょう油漬け

材料と作り方
じゃがいも2個はせん切りにして水にさらし、歯ごたえが残る程度にさっとゆでる。しょう油大さじ3、酢・砂糖各大さじ2、にんにくの薄切り1片分を合わせ、じゃがいもを1時間ほど漬ける。

【効】**ビタミンCプラス鉄分で貧血予防**

ビタミンCには鉄の吸収を助ける働きがあります。貧血予防のためには、レバーや貝類、牛肉などの組み合わせが適しています。

【効】**ビタミンCの抗酸化作用でシミ、そばかす予防**

シミやそばかすの原因はチロシンというアミノ酸のひとつが酸化してメラニンが生成されるためです。ビタミンCを摂って酸化を防ぐことで、メラニンの生成も予防できると考えられます。

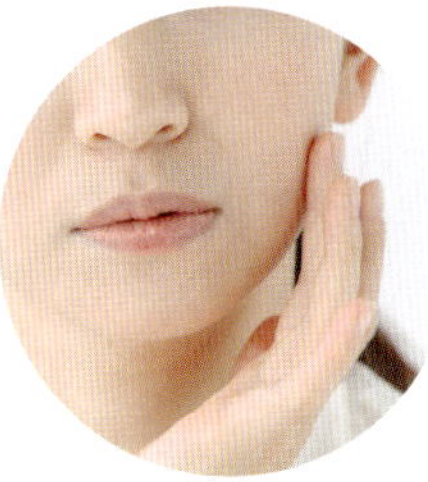

食品成分表(可食部100gあたり)

エネルギー		76kcal
水分		79.8g
たんぱく質		1.6g
炭水化物		17.6g
無機質	**カリウム**	**410mg**
	マグネシウム	20mg
	リン	40mg
	鉄	0.4mg
	亜鉛	0.2mg
	マンガン	0.11mg
ビタミン	B1	0.09mg
	B2	0.03mg
	B6	0.18mg
	C	**35mg**
食物繊維総量		1.3g

効果アップの食べ合わせ

動脈硬化予防
じゃがいも ＋ ヨーグルト

じゃがいもには血圧を下げるカリウムが豊富。ヨーグルトのたんぱく質には、血管をしなやかにする効果が。

風邪予防
じゃがいも ＋ 卵

完全栄養食といわれる卵にも、ビタミンCは含まれないので、じゃがいもで補います。

老化防止
じゃがいも ＋ トマト

じゃがいもに含まれるビタミンCとトマトに含まれるリコピンの相乗効果で、抗酸化力をアップ。

ごぼう

根 Burdock

保存方法

泥つきごぼうは、新聞紙で包み、冷暗所に立てて保存。1週間ほどで食べきりましょう。洗いごぼうや新ごぼうは、ラップで包んで冷蔵庫の野菜室に入れ、2〜3日で使いきりましょう。

栄 皮の下には有効成分が

クロロゲン酸には、抗酸化作用のほか、抗がん作用も期待されています。皮の下の数ミリの部分に多く含まれています。

がん予防効果が期待される食物繊維が豊富

しっかりした歯ごたえがあり、水溶性のイヌリン、不溶性のセルロースやリグニンといった食物繊維が豊富。腸の動きを活発にして腸内環境を整えるほか、有害物質を吸着して排泄したり、コレステロール値を下げたりするのに役立ちます。また、リグニンは腸内の発がん物質の排泄をうながすため、大腸がんなどを予防する効果も期待されています。リグニンは切り口に多く発生するので、ささがきや乱切りなど断面の大きい切り方をし、少し時間をおいてから調理すると摂取量を増やすことができます。

ごぼうの皮には、クロロゲン酸やタンニンといった老化防止に役立つポリフェノールが含まれています。皮は厚くむかず、たわしなどでこすり表面を軽くこそげる程度にしておきましょう。

効果アップの食べ合わせ

生活習慣病予防

ごぼうに多く含まれる食物繊維には、肉類のコレステロールを排泄する働きがあります。

ごぼう ＋ 豚肉

動脈硬化予防

ごぼうに含まれる食物繊維には整腸作用が。鶏肉に含まれるたんぱく質にはしなやかで丈夫な血管をつくる作用があります。

ごぼう ＋ 鶏肉

食品成分表(可食部100gあたり)

エネルギー		65kcal
水分		81.7g
たんぱく質		1.8g
炭水化物		15.4g
灰分		0.9g
無機質	カリウム	320mg
	カルシウム	46mg
	マグネシウム	**54mg**
	リン	62mg
	鉄	0.7mg
	亜鉛	0.8mg
	銅	0.21mg
ビタミン	B1	0.05mg
	B6	0.10mg
食物繊維総量		**5.7g**

根 Lotus root

れんこん

老化防止に役立つ成分が豊富に含まれる

主成分はでんぷんで、ビタミンCや食物繊維が多く含まれています。ビタミンCは免疫力アップや老化防止、美肌づくりなどに役立つ栄養素。抗酸化作用を高めるβカロテンやビタミンE、肌のハリを生み出すコラーゲンの材料となるたんぱく質などが豊富な食材と組み合わせるのがおすすめです。食物繊維には、腸内環境を整え、生活習慣病を予防する働きがあります。

切り口が空気に触れると変色するのは、ポリフェノールのひとつであるタンニンが含まれているため。タンニンにはすぐれた抗酸化作用があり、活性酸素の働きを抑えて老化を防ぐのに役立ちます。噛んだときなどに感じる軽いぬめりは、ムチンによるもの。胃の働きを守って消化を促進する働きなどがあります。

色 酸化による変色を防ぐには

切り口が空気に触れると、酸化して褐色になってしまいます。酸化を防ぐには、水か酢水につけてアク抜きをします。

保存方法

丸ごとのものは湿らせた新聞紙で包んだポリ袋に入れ、冷蔵庫の野菜室で保存しましょう。カットしたものはラップでしっかりと包んで野菜室で保存し、なるべく早めに使いきりましょう。

食品成分表（可食部100gあたり）

エネルギー		66kcal
水分		81.5g
たんぱく質		1.9g
炭水化物		15.5g
無機質	ナトリウム	24mg
	カリウム	440mg
	カルシウム	20mg
	鉄	0.5mg
	亜鉛	0.3mg
	マンガン	0.78mg
ビタミン	B1	0.10mg
	B6	0.09mg
	葉酸	14μg
	C	48mg
食物繊維総量		2.0g

効果アップの食べ合わせ

高血圧予防
れんこん ＋ えび

れんこんには血圧低下に役立つカリウムが含まれ、抗酸化作用のあるビタミンCが含まれ、えびには血管をしなやかで丈夫にする良質なたんぱく質が含まれます。

美肌効果
れんこん ＋ 鶏肉

れんこんに含まれるビタミンCが、鶏肉のたんぱく質からコラーゲンを生成される働きを助けます。

こんにゃく

食物繊維が満腹感を高める

こんにゃくの原料となるのはサトイモ科のいもです。市販されているこんにゃくの多くは、このいもを製粉したものに水と水酸化カルシウムを加えてつくられています。

一番の特徴は、食物繊維が豊富なこと。特に、水溶性食物繊維であるグルコマンナンが多く含まれています。グルコマンナンは水を含むとゲル状になってふくらむ性質があるため、満腹感を高めて食べすぎを防ぐのに有効。腸内環境を改善して便秘を解消する、血糖値の急上昇を防ぐ、コレステロール値を下げる、といった効果もあります。食物繊維以外では、骨や歯の材料となるカルシウムや、高血圧の改善に役立つカリウムなども含まれています。

芋　こんにゃくいもは、えぐみのかたまり

シュウ酸やフェノール誘導体などによるえぐみが強く、そのままでは食べられません。こんにゃくを固め、えぐみを中和して取りのぞくために凝固剤（消石灰や炭酸ソーダ）を使います。このアクを抜くために、1時間ほどゆでてから水にさらします。生のこんにゃく芋500gから板こんにゃく5〜6枚をつくることができます。

食　生芋こんにゃく

こんにゃくいもを製粉し、成形したものが一般的で、100gで約7kcalの低エネルギー食品。

食　板こんにゃく

こんにゃくの成分は97％が水分、3％が固形物。食物繊維のほか、糖質、各種のミネラルなどが含まれています。

吸収　ダイエット効果も期待

「グルコマンナン」には、食べものの消化吸収を妨げる性質があるため、糖尿病予防やダイエットに役立ちます。

根　Konjac

知っておきたい健康ワード

食物繊維

効果と機能

食物繊維は、人の体内で消化されない成分。水に溶ける水溶性と、水に溶けない不溶性の2種類に分けられます。水溶性食物繊維は体内で水を含んでゲル状になり、腸内の有害物質や、コレステロールからつくられる胆汁酸などを吸着して排泄します。また、栄養素の吸収を妨げるため、血糖値やコレステロール値の上昇を防ぐ効果もあります。不溶性食物繊維は、水分を吸って大きくふくらみ、腸壁を刺激して腸の動きを活発にします。

主な食材

こんにゃく／きくらげ／とうがらし／のり

見た目はとんかつそのもの　腸をきれいに
こんにゃくとんかつ

材料（2人分）
こんにゃく…1/2枚
豚もも薄切り肉…100g
しょう油…大さじ1
みりん…大さじ2/3
小麦粉・溶き卵・パン粉
　…各適量
サラダ油…適量
サラダ菜…3～4枚
レモン…適量

作り方
1. こんにゃくは熱湯で2分ゆでて水気をきり、1/2の厚さに切る。
2. 1をしょう油、みりんを合わせた中に30分ほど漬ける。汁けをふいて豚肉で巻き、小麦粉、溶き卵、パン粉の順にころもをつける。
3. フライパンに深さ1cmほどのサラダ油を温め、2をこんがり揚げ焼きにする。器に盛り、レモンとサラダ菜を添える。

板こんにゃく（生芋）
食品成分表(可食部100gあたり)

エネルギー	7kcal
水分	96.2g
たんぱく質	0.1g
脂質	0.1g
炭水化物	3.3g
灰分	0.3g
無機質	
カリウム	44mg
カルシウム	68mg
マグネシウム	5mg
鉄	0.6mg
亜鉛	0.2mg
マンガン	0.05mg
ビタミン	
B6	0.02mg
C	0mg
食物繊維総量	3.0g

効果アップの食べ合わせ
便秘・肌荒れ解消

こんにゃく ＋ みつば

こんにゃくの食物繊維で、肌トラブルの原因となる便秘を改善。みつばに豊富なβカロテンやビタミンCも、美肌づくりに役立ちます。

【効】
糖質や脂質の吸収を緩やかに グルコマンナン

グルコマンナンは消化吸収されないだけでなく、胃の中で水を吸って何十倍にも膨れ、満腹感を与えます。さらに、糖質などの消化・吸収を低下させる働きがあるため、糖尿病や高脂血症の予防効果があるといわれています。

根 Turnip

かぶ

消化酵素が胃の不調を予防・改善

根の部分はほとんどが水分ですが、ビタミンCやカリウムが比較的多く含まれています。ビタミンCは免疫力を高めて風邪などを予防するほか、細胞の老化を防いだり、きれいな肌をつくったりするのに役立ちます。カリウムには、体内の余分な塩分を排泄し、血圧の上昇を抑える働きがあります。

注目したい成分は、アミラーゼという消化酵素。胃もたれや胸やけを予防・改善します。葉の部分には、βカロテン、ビタミンC、鉄、カルシウムが多く含まれているので、かぶは葉つきで売られていることが多いので、葉も残さず利用しましょう。

保存方法

葉つきのままだと水分が抜けやすいので、葉と茎を切りはなして保存します。乾燥を防ぐため、ラップで包むかポリ袋に入れ、冷蔵庫の野菜室で保存しましょう。

葉

茎や根の部分よりはるかに栄養豊富。βカロテン、B₁、B₂、C、カルシウムや鉄などのミネラル、さらに食物繊維もたっぷり。

葉

葉はアクが少ないので、炒めたり、さっとゆでたりしたものを根といっしょにサラダで。

茎

この部分は「淡色野菜」に分類。ビタミンCを多く含み、でんぷんの消化酵素アミラーゼを含んでいます。

茎 やわらかく生食がおすすめ

生で食べることで、熱に弱いビタミンCを上手に摂取できます。また、消化促進や胸やけの予防効果なども期待できます。

根

この部分が地中にあるので、植物的にはここが根といえます。

知っておきたい健康ワード

アミラーゼ
（ジアスターゼ）

効果と機能
アミラーゼは、でんぷんを分解する酵素の総称で、ジアスターゼとも呼ばれます。胃腸の働きを助けて消化吸収をうながすため、胃もたれや胸やけ、食欲不振などの改善に役立ちます。

主な食材
ながいも／かぶ／だいこん／果物全般／いも類／豆類／キャベツ／レタス／にんじん／ブロッコリー／アスパラガス

血糖値の上昇を抑える
食物繊維がたっぷり

かぶの鶏そぼろ煮

材料（2人分）
- かぶ…4個
- 鶏ひき肉…150g
- A　酒・みそ・みりん…各大さじ1
　　しょう油・砂糖…各小さじ1
- 水…100㎖
- 片栗粉、白ごま、小ねぎ、サラダ油…各少々

作り方
1. かぶは皮をむき6等分に切る。
2. 鍋にサラダ油を熱し、1を炒めていったん取り出す。
3. 2の鍋にひき肉を入れて炒め、合わせたAを加えて混ぜる。
4. かぶを戻して混ぜ、ふたをして中火でかぶに火が通るまで蒸し煮にする。途中焦げつきそうなら水（分量外）を加える。
5. 片栗粉を倍量の水で溶き、4に回し入れてとろみをつける。器に盛り、白ごまを振り、小口切りにした小ねぎを散らす。

レモンのさわやかな風味

かぶのレモン漬け

材料と作り方
かぶ4個は、根を薄切り、葉はざく切りにして塩小さじ1をふり、ひと晩漬ける。レモン½個は薄い半月切りにする。鍋に酢50㎖、砂糖大さじ1と½を入れて火にかけ、砂糖を溶かす。容器にかぶ、レモン、甘酢を入れて重石をのせ、2～3時間漬ける。

【食】すぐき漬け

「しば漬け」「千枚漬け」と並ぶ京都の伝統的な漬けものに、「すぐき漬け」があります。すぐきとは、かぶの変種である「酸茎かぶら」のこと。塩で仕込んで乳酸発酵させることで生まれるさわやかな酸味が特徴で、そのまま食べるほか、細かく刻んで料理に加えてもおいしく食べられます。

食品成分表（可食部100gあたり）

エネルギー		20kcal
水分		93.9g
たんぱく質		0.7g
炭水化物		4.6g
灰分		0.6g
無機質	ナトリウム	5mg
	カリウム	**280mg**
	カルシウム	24mg
	リン	28mg
	鉄	0.3mg
	亜鉛	0.1mg
ビタミン	B1	0.03mg
	B2	0.03mg
	C	**19mg**
食物繊維総量		1.5g

効果アップの食べ合わせ　動脈硬化予防

かぶ ＋ 豚肉

かぶのビタミンCと豚肉のたんぱく質の組み合わせで、しなやかな血管をつくります。

さつまいも

日本人に不足しがちな食物繊維が豊富

エネルギー源となるでんぷんなどの糖質が主成分。じゃがいもと同様、さまざまな生活習慣病の予防に役立つカリウムや食物繊維も豊富です。また、加熱による損失が少ないビタミンCが含まれており、ほかの野菜類より一度に食べる量も多いので、ビタミンCの補給源としても優秀です。βカロテンやビタミンEも含まれているため、ビタミンCとの相乗効果で活性酸素の害から体を守る働きが高まることも期待できます。

切ったときに出てくる白い液は、ヤラピンという樹脂の一種です。腸の動きを活発にし、便をやわらかくする働きがあるため、食物繊維とともに便秘解消に効果を発揮します。

また、さつまいもに含まれるアミラーゼという酵素はでんぷんを分解して甘味度を高めることが知られています。さつまいもは低温で長く加熱すると甘みが増します。

皮
皮にも栄養たっぷり
皮には、食物繊維、ビタミン、ミネラル、アントシアニン、クロロゲン酸などが含まれています。できれば皮ごと食べましょう。

色
色の正体はアントシアニン
紅いもも広く流通しています。中まで赤紫色なのは、ポリフェノールの一種であるアントシアニンが果肉にも含まれているからです。

栄
壊れにくいビタミンC
さつまいもに含まれるビタミンCは、しっかりした組織に守られて壊れにくい状態になっているので、加熱した料理からも十分に摂ることができます。

保存方法
新聞紙で包むか段ボール箱に入れて、冷暗所で保存します。約2週間程度を目安に使いきりましょう。9℃以下となる冷蔵庫は×。

知っておきたい健康ワード

糖質

効果と機能

脂質、たんぱく質とともにエネルギー源となる栄養素。1gあたり4kcalのエネルギーを生み出します。構造により、単糖類、少糖類、多糖類に分類されています。「炭水化物」は、糖質と食物繊維が一体となったものの名称です。糖質は体に欠かせない栄養素ですが、摂りすぎると、脂肪にかわって内臓のまわりや皮下にたまってしまいます。

主な食材

白米／グラニュー糖／白ざらめ／角砂糖

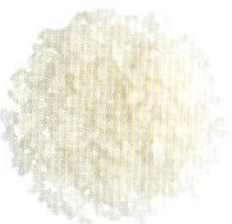

薄切りにしてソースとからみやすく
さつまいものカルボナーラ

材料（2人分）

- さつまいも…½本
- 厚切りベーコン…2枚
- パスタ…約160g
- A
  - 生クリーム…100㎖
  - 卵…1個
  - 卵黄…1個分
  - 粉チーズ…適量
  - 塩…少々
- 粗びきこしょう(黒)…少々
- 塩…適量
- オリーブ油…大さじ1

作り方

1. さつまいもは薄い輪切りにして水にさらし、水気をふき取る。ベーコンは1cm幅に切る。
2. フライパンにオリーブ油を熱し、ベーコンをこんがりするまで炒める。さつまいもを加えて弱火にし、やわらかくなるまで炒める。
3. 火を止めて粗熱をとり、合わせたAとよく混ぜる。
4. 塩を加えた湯でパスタをゆで、3に加えてあえる。仕上げに粉チーズとこしょうをふる。

食 食べるとしっかり満腹に

さつまいもは腸の中でゲル状になる水溶性食物繊維が比較的多く含まれます。少量でも満腹感を感じやすく、ダイエット中のおやつにも適しています。

食品成分表（可食部100gあたり）

エネルギー		140kcal
水分		64.6g
たんぱく質		0.9g
炭水化物		33.1g
無機質	ナトリウム	23mg
	カリウム	380mg
	カルシウム	**40mg**
	マグネシウム	24mg
	鉄	0.5mg
	銅	0.13mg
	マンガン	0.37mg
ビタミン	E	1.0mg
	B1	0.10mg
	C	**25mg**
食物繊維総量		**2.8g**

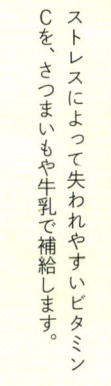

効果アップの食べ合わせ

動脈硬化予防

さつまいものビタミンCには抗酸化作用、りんごのカリウムには血圧を下げる作用があります。

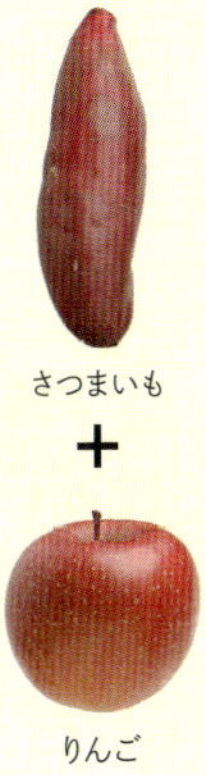

さつまいも ＋ りんご

生活習慣病予防

食物繊維が豊富なさつまいもに、ビタミン類の豊富なにんじんを組み合わせて効果アップ。

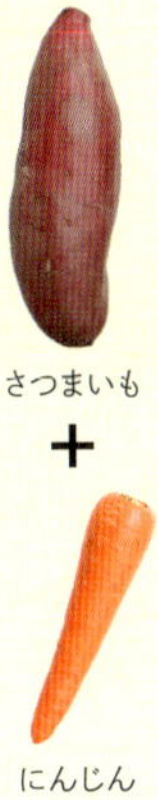

さつまいも ＋ にんじん

ストレス予防

ストレスによって失われやすいビタミンCを、さつまいもや牛乳で補給します。

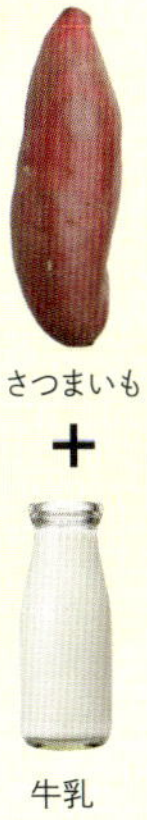

さつまいも ＋ 牛乳

やまのいも／ながいも／やまといも

根 Japanese yam

消化のよい スタミナ食材

「やまのいも」とは、ながいもやいちょういも、つくねいも、自然薯などの総称です。古くから滋養強壮作用があることが知られていましたが、その根拠のひとつが、ムチンを豊富に含んでいることでしょう。ムチンにはたんぱく質の消化吸収を促進する作用などがあるため、スタミナ増強に役立つといえます。また、でんぷんなどの消化にかかわるアミラーゼ（ジアスターゼ）も多く含まれるため、胃腸の働きを整えて栄養を効率よく摂り入れる効果も期待できます。アミラーゼは高温の熱に弱いので、消化促進するなら、生食がおすすめです。このほか、カリウムや食物繊維なども含まれています。

ながいも（中国原産、栽培種）
粘りが弱く、少し水っぽい。

やまといも（中国原産、栽培種）
コクがあって、粘りも強い。

やまのいも（日本原産、天然もの、栽培種もある）
風味があって独特な味わい。粘りが強い。「自然薯（じねんじょ）」（天然もの）は皮が薄く、皮ごとすりおろして食べることができます。

生

消化促進には生がおすすめ

やまのいもは、加熱しないで食べることができない。アミラーゼという酵素も含んでいるので、消化促進に役立ちます。

知っておきたい健康ワード

ムチン

効果と機能

胃の粘膜を守るほか、目や鼻の粘膜を覆って保護する働きもあるため、ドライアイなどの予防にも役立ちます。胃や口、鼻など粘膜を健康に保ってウイルスなどの侵入を防ぐことで免疫力を強化したり、たんぱく質の吸収を高めたりする働きもあります。

主な食材
やまのいも/納豆/オクラ/モロヘイヤ/なめこ

[栄]

手や口のまわりがかゆくなるのは

かゆみの原因は、皮の付近に含まれるシュウ酸カルシウムという物質は、100ミクロンほどの鋭い針状の結晶があって、この物質には、結晶が皮膚を刺激してかゆみが起こりますが、毒性はありません。

塩辛の塩気がながいもののおいしさを引き出す

ながいもと塩辛しそ炒め

材料（2人分）
ながいも…10cm分
青じそ…5枚
いかの塩辛…30g
バター…大さじ1
小ねぎ…少々
一味とうがらし…少々

作り方
1. ながいもは皮をむき、長さを半分にして1cm角の棒状に切り、水にさらす。青じそは細切りにする。
2. フライパンにバターを溶かし、水けをきったながいもを入れて炒める。焼き色がついたら、いかの塩辛を加えて炒め、火を止めて青じそを加える。器に盛り、小口切りにした小ねぎを散らし、一味とうがらしをふる。

ながいも
食品成分表（可食部100gあたり）

エネルギー		65kcal
水分		82.6g
たんぱく質		2.2g
炭水化物		13.9g
無機質	ナトリウム	3mg
	カリウム	**430mg**
	カルシウム	17mg
	マグネシウム	17mg
	リン	27mg
	銅	0.10mg
ビタミン	B1	0.10mg
	B2	0.02mg
	B6	0.09mg
	C	6mg
食物繊維総量		1.0g

効果アップの食べ合わせ

高血圧予防

やまといも + そば

やまといものカリウム、そばのルチンには血圧を下げる効果があります。

明太とろろパスタ

材料と作り方
やまのいも200gはすりおろし、明太子1本は薄皮を取ってほぐす。やまのいもにしょう油、みりん各大さじ1/2を加えて混ぜ合わせる。パスタ160gは塩を加えた湯でゆでて器に盛り、やまのいも、明太子をのせ、小口切りにした小ねぎ適量を散らす。

だいこん

根 Japanese radish

消化酵素が胃腸の働きを整える

根の部分は、ほとんどが水分。栄養面の特徴は、アミラーゼなどの消化酵素が含まれていることです。アミラーゼはでんぷんの消化を助け、胃もたれや胸やけを予防・改善します。ほかにも、たんぱく質を分解する酵素として、プロテアーゼが含まれています。ビタミン類では、ビタミンCが多めに含まれており、免疫力アップや美肌効果も期待することができます。アミラーゼやビタミンCは加熱に弱いので、効率よく摂るなら生食が一番です。

だいこんの葉は、βカロテンが豊富な緑黄色野菜。血圧の上昇を抑えるカリウムや、骨や歯の材料となるカルシウムなども含まれています。

葉　葉は緑黄色野菜

βカロテン、ビタミンC、ビタミンK、葉酸などのビタミンや、カリウム、カルシウムなどのミネラルが含まれています。

茎　この部分は「茎」です

一般的に葉から下は全て「根」と呼ばれますが、植物学的にいうと地上に出ているところは「茎」です。光に当たると緑に変わる性質があり、青首だいこんでは特に目立ちます。

根　地中の「根」にはピリ辛成分が

先端にはピリピリとした辛みがあります。この辛みは「アリルイソチオシアナート」で、胃液の分泌を高める働きがあります。

皮　皮にも栄養がたっぷり

皮の周囲には、ビタミンCが多いので、だいこんおろしは皮ごとすりおろしましょう。

保存方法

葉を切り落として、ラップで包み、切り口を上にして野菜室で保存しましょう。寒い季節には、新聞紙で包んで風が直接当たらないところに置けば、1週間は保存できます。

140

食 だいこんおろしの基本

辛み成分のイソチオシアネートは、すりおろすなどして細胞壁を壊すと生成されます。出てくる水分も捨てないようにしましょう。

栄 葉は優秀な栄養源

ほうれんそうと比較してもビタミンCが約1.5倍、鉄分は約1.5倍、カルシウムは約5.3倍。βカロテンやビタミンKもほうれんそうと同じぐらい含まれています。

知っておきたい健康ワード
イソチオシアネート

効果と機能

だいこんの辛みのもととなっているのが、イソチオシアネートという成分です。消化促進や食欲増進に役立つほか、血液をサラサラにして血栓をできにくくする働きや、抗菌・抗炎症作用などがあります。さらに、肝臓の解毒作用を高め、発がんの抑制などにも効果があると考えられています。

だいこんのビタミンCがコラーゲンの生成を助ける
牛すじとだいこんのあっさり煮

材料（2人分）
牛すじ肉…200g
だいこん…1/3本
小ねぎ…適量
A│ だし汁…400mℓ
 │ 酒…大さじ2
 │ しょう油…大さじ3
 │ みりん…大さじ1

作り方
1. すじ肉は圧力鍋で加熱してやわらかくし、冷水でアクを洗い、食べやすい大きさに切る。だいこんは2cm角に切る。
2. 鍋に1、Aを入れて火にかけ、アクを取りながら味を染み込ませる。
3. 器に盛り、小口切りにした小ねぎを散らす。

みそとベーコンが合う
だいこんの葉のベーコンみそ炒め

材料と作り方

だいこんの葉150gは細かく刻み、ベーコン3枚は1cm幅に切る。フライパンにサラダ油を熱し、ベーコンを炒める。ベーコンの脂が出てきたら、だいこんの茎、葉の順に炒める。しんなりしたら、みそ、みりん各大さじ1、塩・こしょう各少々を加えて炒め、仕上げにいりごま（白）をふる。

食品成分表（可食部100gあたり）

エネルギー		18kcal
水分		94.6g
たんぱく質		0.5g
炭水化物		4.1g
無機質	ナトリウム	19mg
	カリウム	230mg
	カルシウム	**24mg**
	マグネシウム	**10mg**
	リン	18mg
ビタミン	B1	0.02mg
	B6	0.04mg
	葉酸	34μg
	パントテン酸	0.12mg
	C	**12mg**
食物繊維総量		1.4g

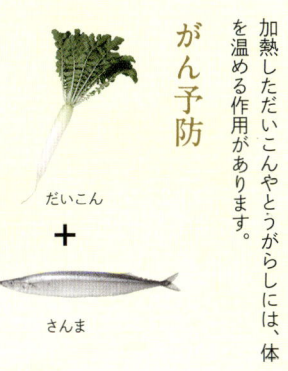

効果アップの食べ合わせ

風邪予防
だいこん ＋ とうがらし

加熱しただいこんやとうがらしには、体を温める作用があります。

がん予防
だいこん ＋ さんま

だいこんに含まれる酵素が、焼いたさんまの焦げに含まれる発がん性物質を抑えるといわれています。食べる直前に皮つきのまますりおろすと効果アップ。

根 Ginger

しょうが

冷え性を改善し免疫力をアップ

注目したいのは、特有の辛み成分であるジンゲロールやショウガオール、ジンゲロン。ショウガオールとジンゲロンは、ジンゲロールが分解してつくられる成分です。いずれも血管を広げて血行を促進する働きがあるため、冷え性の予防・改善に有効。血行改善は、代謝を活発にしてエネルギー消費量を増やしたり、体温を上げることによって免疫力を高めたりする効果にもつながります。殺菌力が強く、食中毒の予防にも有効。抗酸化作用もすぐれているため、老化防止効果も期待できます。また、香り成分のジンギベレンは、食欲増進に役立つといわれています。

このほか、カリウムやマンガン、ビタミンB群、ビタミンCなども含まれていますが、一度に食べる量が少ないため、効果が期待できるほどではありません。

香 さまざまな香り成分

しょうがには多くの香り成分が含まれており、食欲増進や疲労回復、健胃・解毒、消炎など、さまざまな効果を発揮します。

辛み しょうがの辛みの正体は?

辛みのもとはジンゲロールなど。殺菌作用や血行改善効果などがあります。

保存方法

新聞紙で包み、夏は冷蔵保存、ほかの時期は常温で保存します。使いかけのものは、水けをよくふき取ってからラップで包み、冷蔵庫の野菜室で保存しましょう。

葉しょうが

根しょうが

知っておきたい健康ワード

ショウガオール

効果と機能

生のしょうがに含まれるジンゲロールは、乾燥や加熱によって、一部がショウガオールにかわります。ショウガオールの働きで特に注目したいのが、胃腸を刺激して血流を活発にし、体を温めること。殺菌作用や抗酸化作用も強く、食欲増進などにも役立ちます。

しょうがの佃煮

ご飯のお供はもちろん
お湯を注いで飲んでも

材料と作り方

しょうが200gは皮を除いて薄切りにする。鍋にしょうが、しょう油大さじ2、酒・みりん・はちみつ各大さじ1を入れ、弱火で煮汁がなくなるまで煮る。

※しょうがを下ゆでしておくと辛みが弱まる。

[栄] ジンゲロールは変化します

強い辛みの成分であるジンゲロンは、ショウガオールと同様、加熱や乾燥によってジンゲロールから変化して生成されます。血行促進に加え、強い抗酸化作用によるアンチエイジング効果も注目されています。

[効] 細かく刻んで薬効を生かす

辛みや香りの成分は、細かくするほど特性や薬効がいかされます。生の場合はおろして、炒めものや煮ものの臭み消しや香り付けにする場合は、細かく刻んで使いましょう。

食品成分表（可食部100gあたり）

エネルギー		30kcal
水分		91.4g
たんぱく質		0.9g
炭水化物		6.6g
灰分		0.7g
無機質	ナトリウム	6mg
	カリウム	**270mg**
	カルシウム	12mg
	マグネシウム	**27mg**
	リン	25mg
	鉄	0.5mg
	マンガン	5.01mg
ビタミン	B1	0.03mg
	B2	0.02mg
食物繊維総量		2.1g

効果アップの食べ合わせ

美肌効果

しょうが ＋ はちみつ

体を温めるしょうがと、吸収効率のよい単糖類や植物由来の活性物質が豊富なはちみつで代謝をアップすれば肌もきれいに。

動脈硬化予防

しょうが ＋ 豚肉

豚肉のたんぱく質は血管をしなやかにします。血圧を下げる効果のあるしょうがのカリウムと合わせれば効果アップ。

血行促進

しょうが ＋ たまねぎ

たまねぎに含まれるアリシンにも、ショウガオールなどと同様に体を温める効果があります。

野菜の栄養を守る加熱方法 ――揚げる・炒める――

野菜を揚げると表面の水分が抜け、その部分に油が入りこみます。同時に、加熱中は野菜が油につかった状態になるため、βカロテン、ビタミンD、Eといった脂溶性の成分が揚げ油の中に溶け出していきます。ただし、天ぷらごろもなどをつけると、食品が直接油に触れにくくなるため、脂溶性の成分の損失も少なくなります。

野菜を炒める場合も、揚げたときと同様に脂溶性の成分が溶け出します。高温でさっと炒めれば水溶性の成分はほぼ守られますが、じっくり炒めると野菜から水分が出てきます。この水分には、ビタミンB群やCなど水溶性の成分が出てきます。

脂溶性の成分が油に溶け出す

溶け込んでいます。栄養を効率よく摂るなら、あんかけなどにして野菜から出た水分まで食べるようにしましょう。
野菜を使って調理すると、脂溶性の成分の吸収率が高まります。ただし、エネルギー量も増えるので、食べすぎには注意が必要です。

ビタミンCは熱に弱い？

野菜に多く含まれるビタミンCは水溶性のビタミンですが、加熱にも弱いとされています。でも、高温によってビタミンCが壊れるのは、食材が酸素に触れる状態で、高温で酸素に触れる状態で、190℃を超える温度で加熱した場合です。揚げものや炒めものでは、油が

190℃を超える高温になることもあります。揚げものの場合は野菜が油につかっているので酸素に触れにくく、加熱時間も短いので、ビタミンCはそれほど失われません。ただし、炒める場合は、野菜が酸素に触れるため、揚げものよりはビタミンCの損失量が多くなります。

ちなみに、ゆでたり煮たりする場合、ゆで汁などの温度は約100℃です。さらに、食材は水につかっている部分も多くありません。ゆでる、煮るといった調理法でビタミンCが失われる理由は、おもに、水溶性であるビタミンCがゆで汁などに溶け出すため。熱によって壊れているわけではありません。

豆類・穀物

豆・穀 Rice/Brown rice

白米／玄米

栄 表面の皮が「ぬか」になる

白米で取り除かれているぬかの部分には、ビタミンやミネラル、食物繊維など、体によい成分も含まれています。

日本の食卓に欠かせないエネルギー源

米は、稲の種子。種子からもみ殻を取り除いたものが玄米で、玄米からぬかや胚芽を取り除いたものが白米（精白米）です。胚芽を残して精米した胚芽米や、胚芽とぬかの一部を残す分づき米などもあります。

白米の主成分は糖質の一種であるでんぷんで、エネルギー源として利用されます。ビタミンやミネラル、食物繊維なども含まれていますが、玄米に比べると含有量が少なくなっています。

玄米の特徴は、エネルギー代謝にかかわるビタミンB群が豊富なこと。すぐれた抗酸化作用をもつビタミンEや生活習慣病予防に役立つ食物繊維なども多く含まれています。ただし、玄米は消化がよくないので、よく噛んで食べることが大切です。

効果アップの食べ合わせ

糖質代謝

米 ＋ 豚肉

日本の主食である米は糖質が豊富。効率よくエネルギーにかえるためには、豚肉などに含まれるビタミンB₁が必要です。

白米

玄米

保存方法

密閉容器に入れ、冷蔵庫の野菜室や、湿気の少ない冷暗所で保存。赤とうがらしをいっしょに入れておくと、虫の発生を防ぐことができます。

白米
食品成分表（可食部100gあたり）

エネルギー		358kcal
水分		14.9g
たんぱく質		6.1g
脂質		0.9g
炭水化物		77.6g
無機質	**カリウム**	**89mg**
	マグネシウム	23mg
	リン	95mg
	鉄	**0.8mg**
	亜鉛	1.4mg
ビタミン	B1	0.08mg
	B2	0.02mg
	B6	0.12mg
	ナイアシン	1.2mg
食物繊維総量		0.5g

玄米
食品成分表（可食部100gあたり）

エネルギー		353kcal
水分		14.9g
たんぱく質		6.8g
脂質		2.7g
炭水化物		74.3g
無機質	**カリウム**	**230mg**
	マグネシウム	110mg
	リン	290mg
	鉄	**2.1mg**
	亜鉛	1.8mg
ビタミン	B1	0.41mg
	B2	0.04mg
	B6	0.45mg
	ナイアシン	6.3mg
食物繊維総量		3.0g

豆・穀 Red rice / Unpolished rice

赤米／黒米

ぬかの部分に色素成分を含む

日本で古くから栽培されていた種類の稲から摂れる米を、「古代米」と呼びます。一般的な米と同様、主成分はでんぷんですが、たんぱく質やビタミンB群、ミネラルなどの含有量が多めです。

古代米を代表するのが、赤米と黒米。赤米はぬかに赤っぽい色素を含んでおり、粘りが少ないでんぷんの割合が多いため、白米のごはんよりパサパサした食感になります。黒米は、ぬかに紫系の色素を含んでいます。赤米、黒米の色素は、どちらもポリフェノールの一種。ポリフェノールはすぐれた抗酸化作用をもつ成分です。赤米や黒米は、精米の程度によって、薄いピンクから濃い紫色に炊き上がります。白米に混ぜて使われることがほとんどです。

種 黒米
玄米は黒色で、ぬかの部分に紫黒色をした色素（アントシアン系）を含んだ米です。少し精米すると紫色になり、紫米、紫黒米とも呼ばれます。

種 赤米
玄米は赤褐色で、ぬかの部分に赤っぽい色素（カテコールタンニン）を含んでいます。

効果アップの食べ合わせ
老化防止

赤米・黒米 ＋ 緑黄色野菜

赤米や黒米の色素の成分には、すぐれた抗酸化作用が。同様の作用をもつ緑黄色野菜と組み合わせれば、老化防止効果が高まります。

豆・穀 Red bean

あずき

保存方法
密封包装されたものは風通しのよい場所で保存。保存は常温でも可能ですが、冷蔵庫の野菜室などを利用すれば、最良の状態で保存できます。

生活習慣病の予防やむくみ対策に

主成分は糖質とたんぱく質。そのほか、ビタミンB₁やカリウムなども多く含まれています。ビタミンB₁は糖質をエネルギーにかえる働きを助ける栄養素。きちんと摂ることで、疲労回復などの効果が期待できます。カリウムは、体内の余分な塩分を排泄し、高血圧やむくみを予防・改善します。

あずきのえぐみの成分であるサポニンも、注目したい成分。コレステロール値や中性脂肪値を下げて生活習慣病を予防するほか、すぐれた利尿作用もあるため、カリウムとともにむくみ対策に役立ちます。また、あずきの赤紫色は、ポリフェノールの一種であるアントシアニンによるもの。アントシアニンには目の健康を守り、活性酸素の害から体を守る働きがあります。

栄「二日酔いにあずきの汁」
古いことわざです。あずきに含まれるビタミンB₁には、肝臓でアルコールの分解を助ける働きがあります。

効果アップの食べ合わせ
美肌効果

あずき  ＋ お茶

あずきのたんぱく質からコラーゲンがつくられる働きを、お茶に含まれるビタミンCがサポートします。

食品成分表（可食部100gあたり）
エネルギー		339kcal
水分		15.5g
たんぱく質		20.3g
炭水化物		58.7g
無機質	ナトリウム	1mg
	カリウム	**1500mg**
	カルシウム	75mg
	鉄	5.4mg
	亜鉛	**2.3mg**
ビタミン	A β-カロテン当量	7μg
	B₁	0.45mg
	B₆	0.39mg
	C	Tr mg
食物繊維総量		17.8g

いんげんまめ

豆・穀 Kidney bean

食べすぎの防止に役立つ食物繊維がたっぷり

栄養面の特徴は、食物繊維が豊富なことです。食物繊維はエネルギー量がとても少ないのですが、体内で水分を吸収してふくらむため、満腹感は得られます。ダイエットの必要があるとき、食べすぎを防ぐのに役立つ成分です。いんげんまめには糖質も多めですが、食物繊維には糖質の吸収を緩やかにする作用があるため、血糖値の急激な上昇を防ぐことができます。また、コレステロール値の上昇を抑えるのにも役立ちます。

ミネラル類も豊富で、高血圧やむくみ対策に有効なカリウム、骨や歯の材料となるカルシウム、貧血予防に役立つ鉄などが含まれています。ビタミン類では、糖質の代謝にかかわるビタミンB_1の含有量が多めです。

うずら豆
とら豆
金時豆
大福豆

食品成分表（可食部100gあたり）

エネルギー		333kcal
水分		16.5g
たんぱく質		19.9g
炭水化物		57.8g
無機質	ナトリウム	1mg
	カリウム	**1500mg**
	カルシウム	130mg
	鉄	6.0mg
	亜鉛	**2.5mg**
ビタミン	A β-カロテン当量	12μg
	B1	0.50mg
	B6	0.36mg
	C	Tr mg
食物繊維総量		19.3g

保存方法

密封包装されたものは風通しのよい場所で保存。保存は常温でも可能ですが、冷蔵庫の野菜室などを利用すれば、最良の状態で保存できます。

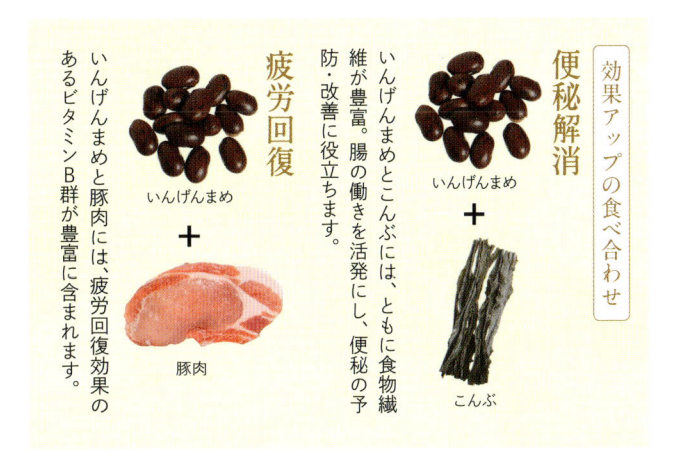

効果アップの食べ合わせ

便秘解消

いんげんまめとこんぶには、ともに食物繊維が豊富。腸の働きを活発にし、便秘の予防・改善に役立ちます。

いんげんまめ ＋ こんぶ

疲労回復

いんげんまめと豚肉には、疲労回復効果のあるビタミンB群が豊富に含まれます。

いんげんまめ ＋ 豚肉

豆・穀 Soybean

大豆

女性ホルモンのように働く大豆イソフラボンに注目

大豆は、「畑の肉」と呼ばれるほど栄養が豊富な食材です。筋肉などの材料となるたんぱく質やエネルギー源となる脂質、活性酸素の害から体を守るビタミンEなどが多く含まれています。

大豆の栄養成分で特に注目したいのが、大豆サポニンとレシチンです。大豆サポニンは苦みやえぐみの成分。強い抗酸化力をもち、脂質の酸化を抑えコレステロール値や中性脂肪値を下げる作用もあります。レシチンは脂質の一種で、強い乳化作用があるため、血管壁にこびりついたコレステロールを溶かし、排泄をうながす働きなどがあります。

また、ポリフェノールの一種である大豆イソフラボンは、体内で女性ホルモンに似た働きをすることがわかっています。

保存方法

密封包装されたものは風通しのよい場所で保存。保存は常温でも可能ですが、冷蔵庫の野菜室などを利用すれば、最良の状態で保存できます。

栄 ビタミンA、ビタミンCを補って

たんぱく質、ビタミンB群、ビタミンEなどが豊富。ビタミンAやCを含む食材と組み合わせれば、栄養バランスが整います。

知っておきたい健康ワード

大豆イソフラボン

効果と機能

大豆イソフラボンは女性ホルモンの「エストロゲン」と構造が近く、体内でもよく似た働きをします。エストロゲンは、ハリのある肌をつくったり、骨粗鬆症を防いだりするために必要なホルモン。閉経に伴って分泌量が大幅に減るため、更年期以降の女性は、意識して大豆イソフラボンを摂りましょう。食品から摂る分には、過剰症の心配はありません。

[栄] おからには大豆の約40%ものたんぱく質が残っています

大豆は食物繊維やカルシウムたっぷりで、炭水化物、カリウムにも富んだ食材。豆乳をしぼったあとのおからの中にも40%ほどのたんぱく質が残っているそうです。不溶性食物繊維のセルロースが豊富で、便秘の解消に有効。難消化性のオリゴ糖は善玉菌の増殖を促進するので、腸内環境の改善にもつながります。

[食] 豆乳

豆乳と牛乳を比較すると、たんぱく質はほぼ同量ですが、カルシウム量は牛乳が豊富で、鉄分は豆乳が豊富です。脂質は、植物性と動物性による違いがあります。

100g当たり	エネルギー(kcal)	たんぱく質(g)	脂質(g)	カルシウム(mg)	鉄(mg)	レチノール(μg)	ビタミンB2(g)
普通牛乳	67	3.3	3.8	110	0.02	38	0.15
低脂肪牛乳	46	3.8	1.0	130	0.1	13	0.18
無脂肪牛乳	33	3.4	0.1	100	0.1	Tr	0.15
豆乳	46	3.6	2.0	15	1.2	0	0.02
調整豆乳	64	3.2	3.6	31	1.2	0	0.02

食品成分表（可食部100gあたり）

- エネルギー　422kcal
- 水分　12.4g
- たんぱく質　32.1g
- 炭水化物　29.5g
- 無機質
  - ナトリウム　1mg
  - **カリウム　1900mg**
  - カルシウム　180mg
  - 鉄　6.8mg
  - 亜鉛　3.1mg
- ビタミン
  - A β-カロテン当量　7μg
  - B1　0.71mg
  - B2　0.26mg
  - B6　0.51mg
- 食物繊維総量　17.9g

効果アップの食べ合わせ

骨粗鬆症予防

大豆 + 牛乳

大豆イソフラボンで女性ホルモンの働きを補い、牛乳からカルシウムを補給して、骨を健康に保ちます。

動脈硬化予防

大豆 + ひじき

ひじきの食物繊維がコレステロールの排泄を促進。大豆のレシチンが血管壁にこびりついたコレステロールを取り除きます。

美肌効果

大豆 + パプリカ

パプリカの豊富なビタミンC、大豆のイソフラボンが美肌づくりに効果を発揮します。

そば Buckwheat

豆・穀

栄 昔から、そばは長寿食

昔の人は、そばが健康維持に役立つことを経験から学び、「長寿食」と位置づけてきました。現在では、そばに含まれるルチンなどの成分が生活習慣病予防に役立つことがわかっています。

高血圧予防のためそば湯も飲みたい

そばに含まれる成分のうち、特に注目したいのがルチンです。毛細血管を丈夫にし、血圧を上昇させる物質の働きを弱めるため、動脈硬化や高血圧などの予防に役立ちます。また、肝臓の機能を高め、インスリンの分泌をうながして血糖値を正常に保ったり、血行を促進して脳細胞を活性化させたりする効果もあるといわれています。

ルチン以外では、エネルギー代謝を助けるビタミンB₁やB₂、生活習慣病を予防する食物繊維などが多く含まれています。

ルチンや食物繊維はそばの実の外皮に多く含まれているので、精製度の高い更科そばより、皮ごとひいた粉からつくる黒っぽい藪そばや田舎そばのほうがおすすめ。また、ルチンやビタミンB群はゆで汁に溶け出すので、そばをゆでた後の「そば湯」も飲みましょう。

効果アップの食べ合わせ

血圧降下作用

そば + だいこん

そばに含まれるルチン、だいこんに含まれるカリウムには血圧を下げる働きがあります。

食品成分表（可食部100gあたり）

エネルギー		364kcal
水分		12.8g
炭水化物		73.7g
無機質	カリウム	390mg
	カルシウム	12mg
	マグネシウム	**150mg**
	リン	260mg
	鉄	1.6mg
	亜鉛	**1.4mg**
ビタミン	B1	0.42mg
	B2	0.10mg
	ナイアシン	4.3mg
	B6	0.35mg
	C	0mg
食物繊維総量		**3.7g**

豆・穀 Wheat

小麦

エネルギー源となる糖質や各種のビタミンを含む

小麦のほとんどは製粉され、小麦粉として利用されています。主成分はでんぷん。たんぱく質の割合が多い順に、強力粉、中力粉、薄力粉に分類されています。

ビタミン類では、エネルギーの代謝にかかわるビタミンB_1やB_2、血行を改善し、すぐれた抗酸化作用で活性酸素の害から体を守るビタミンEなどが多め。貧血予防に欠かせない鉄、骨や歯の材料となるカルシウム、高血圧の予防・改善に役立つカリウムといったミネラル類も含まれています。

一般的な小麦粉は、ふすま（小麦の表皮）や胚芽が取り除かれていますが、「全粒粉」は小麦を丸ごと粉にしているため、ビタミンやミネラル、食物繊維などの含有量が多くなっています。

粉の種類

強力粉、中力粉などの種類は、含まれるたんぱく質の量によって決まります。

強力粉	12.5〜14%
準強力粉	10〜12.5%
中力粉	8〜10%
薄力粉	6〜8%

栄 皮と中心で異なる栄養素

でんぷんは、粒（胚乳）の中心部に多く含まれ、たんぱく質の質も中心がすぐれています。逆に、たんぱく質の量は周辺部に多く、脂質、ミネラル、ビタミンなどの栄養素も周辺部に豊富です。

食品成分表（可食部100gあたり）
玄穀（国産）

エネルギー		337kcal
水分		12.5g
たんぱく質		10.6g
炭水化物		72.2g
無機質	カリウム	470mg
	カルシウム	**26mg**
	リン	350mg
	鉄	3.2mg
ビタミン	**B_1**	**0.41mg**
	B_2	0.09mg
	ナイアシン	6.3mg
	B_6	0.35mg
	葉酸	38μg
	C	(0)mg
食物繊維総量		10.8g

効果アップの食べ合わせ 疲労回復

小麦粉に多く含まれるビタミンB_1、B_2はエネルギー代謝にかかわる栄養素。主菜のたんぱく質、糖質、脂質をエネルギーにかえます。

小麦 ＋ 肉・魚

豆・穀 Job's tears

はと麦

むくみや冷え、肩こりなどの改善に

イネ科の植物であるはと麦は、炒ったものがお茶として利用されてきました。しかし、雑穀の栄養が見直されるようになってからは、ごはんに炊き込むなどの使い方も一般的になっています。お米に混ぜて炊くために数種類の雑穀をブレンドしたものにも、はと麦が配合されていることがあります。

はと麦の特徴は、たんぱく質が豊富なこと。さらに、ビタミンB_1やB_2、カルシウム、鉄なども多く含まれています。

古くから、利尿効果や胃腸の調子を整える作用、美肌効果などがあることが知られており、民間療法や薬膳料理に使われてきました。体内の余分な水分を排泄して血行をスムーズにするため、冷えや肩こりの改善にも有効です。

栄 方薬にも使われる美肌の味方

はと麦は、「ヨクイニン」という名前で、漢方薬にも使われます。効能はむくみや下痢、イボなどで、その美肌効果から、化粧水や美容液に配合されることもあります。

食 まとめてゆでておくと便利

はとむぎは、そのままゆでて食べられる手軽な穀物。洗ったはと麦を弱火で40分ほどゆで、芯がなくなったらざるにあげて水けをきります。小分けにして冷凍保存すれば、使いたいときにさっと解凍するだけなので便利です。

栄 がん予防効果も?

新陳代謝の促進や腫瘍抑制効果のある、はと麦特有の成分「コイクセラノイド」にはがんを予防する効果もあるといわれています。

知っておきたい健康ワード

ビタミンB₁

効果と機能

糖質を分解してエネルギーにかえるためには、酵素が必要。そして、酵素を働かせるために必要な「補酵素」の役割を果たすのがビタミンB₁です。B₁が不足すると糖質がうまく燃焼しないため、疲れやすくなったりイライラしたりします。ねぎ類に含まれる硫化アリルといっしょに摂ると、ビタミンB₁の効果が長く持続します。

[効] 簡単につくるはと麦茶

はと麦は昔から、イボ取りや美肌効果などが期待されていました。「コイクセラノイド」という成分には、腫瘍抑制作用や新陳代謝の促進作用が確認されています。お茶を飲む場合、殻を取ったはと麦10～30gと水400mlを鍋に入れて、中火で半分になるまで煎じます。

[食] 東南アジアのおやつ

日本では、はと麦をそのまま食べる習慣はありません。しかし、東南アジアの国々では、はと麦の殻を手で割って中身を食べるなど、おやつ感覚で気軽に食べられています。

食品成分表（可食部100gあたり）

エネルギー		360kcal
水分		13.0g
たんぱく質		13.3g
炭水化物		72.2g
無機質	カリウム	85mg
	カルシウム	6mg
	マグネシウム	12mg
	リン	20mg
	鉄	0.4mg
	亜鉛	0.4mg
ビタミン	B1	0.02mg
	B2	0.05mg
	B6	0.07mg
	C	(0)mg
食物繊維総量		0.6g

便秘解消

はと麦 + さつまいも

食物繊維が豊富なはと麦とさつまいもを組み合わせれば、腸内環境の改善に有効。

むくみ解消

はと麦 + きゅうり

利尿作用のあるはと麦と、余分な塩分を排泄するカリウムが豊富なきゅうりの組み合わせは、むくみ解消に効果的です。

効果アップの食べ合わせ

疲労回復

はと麦 + ねぎ

硫化アリルを含むねぎを組み合わせることで、糖質の代謝にかかわるはと麦のビタミンB₁の働きが持続します。

豆・穀 Barley

大麦

豊富な食物繊維で腸の調子を整える

大麦は「押し麦」などに加工したものをお米に混ぜて使うのが一般的です。大麦には食物繊維が多く、水溶性と不溶性の食物繊維がバランスよく含まれているため、腸の調子を整え、コレステロール値や血糖値の上昇を抑える効果が期待できます。骨や歯の材料となるカルシウムや、高血圧やむくみの予防・改善に役立つカリウムも多く含まれています。

食 麦ごはんで血糖値の上昇を防止

白米をそのまま食べると食後の血糖値が上がりやすいのが気になりますが、大麦を混ぜることで食物繊維量が増え、血糖値の上昇を抑えることができます。白米と大麦を9対1くらいの割合でブレンドして普通に炊けば、麦のにおいも気にならず、つるつるした食感が楽しい麦ごはんになります。

知っておきたい健康ワード

カルシウム
効果と機能

カルシウムには、骨や歯をつくるほか、筋肉のスムーズな収縮を維持する、神経の興奮をしずめる、出血を止める、などの働きもあります。一般的な日本人の食事では不足しがちなうえ、年齢とともに吸収率も下がります。また、食品によって吸収率が異なることにも注意。もっとも効率のよい補給源は、牛乳や乳製品。野菜類のカルシウムは、吸収率が低めです。

食品成分表(可食部100gあたり) 米粒麦

エネルギー		343kcal
水分		14.0g
たんぱく質		7.0g
炭水化物		76.2g
無機質	カリウム	170mg
	カルシウム	**17mg**
	リン	140mg
	鉄	1.2mg
ビタミン	**B1**	**0.19mg**
	B2	0.05mg
	ナイアシン	2.3mg
	B6	0.19mg
	葉酸	10μg
	C	(0)mg
食物繊維総量		8.7g

豆・穀
Rye

ライ麦

ビタミンB群がエネルギーの代謝をサポート

ライ麦には、エネルギーの代謝にかかわるビタミンB群、高血圧やむくみ対策に役立つカリウム、腸の働きを整える食物繊維などが豊富に含まれています。小麦と同様、製粉した「ライ麦粉」をパンなどの材料として使うのが一般的。小麦粉よりたんぱく質がやや少なく、食物繊維が多めです。粘りや弾力を出すグルテンをつくり出す成分が含まれていないため、ライ麦粉でつくるパンは、小麦粉のパンのようにふんわりとふくらまず、どっしりした口当たりに仕上がります。

栄 婦人科系の薬にも使われます

ライ麦の子房に子嚢菌が寄生したものを「麦角（ばっかく）」といいます。子宮や血管を収縮させる作用があるため、ヨーロッパでは昔から陣痛促進や分娩後の出血を抑える薬として使用されてきました。

食 食べごたえのあるドイツパン

ドイツでは定番のライ麦を使ったパンは、ドイツパンとも呼ばれます。ドイツでは小麦が育たなかったのでライ麦を使うようになったのです。ライ麦の形状が残っているパンほど栄養価が高いといわれ、少々酸味があります。

食品成分表（可食部100gあたり）

エネルギー		334kcal
水分		12.5g
たんぱく質		12.7g
炭水化物		70.7g
無機質	カリウム	400mg
	カルシウム	**31mg**
	リン	290mg
	鉄	3.5mg
ビタミン	**B1**	**0.47mg**
	B2	0.20mg
	ナイアシン	1.7mg
	B6	0.22mg
	葉酸	65μg
	C	0mg
食物繊維総量		13.3g

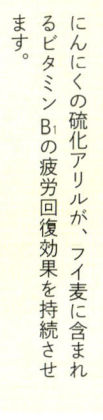

効果アップの食べ合わせ

便秘解消　ライ麦 + ヨーグルト

ライ麦には食物繊維が豊富。ヨーグルトの乳酸菌とともに腸の働きを整え、便秘を予防・改善します。

吸収力アップ　ライ麦 + にんにく

にんにくの硫化アリルが、ライ麦に含まれるビタミンB1の疲労回復効果を持続させます。

豆・穀
Corn

とうもろこし

栄養価が高く食物繊維もたっぷり

主食としても利用されているとうもろこしは、野菜の中では高エネルギー。主成分である糖質のほか、糖質や脂質の代謝に欠かせないビタミンB₁、B₂、血圧のコントロールに役立つカリウムなども多く含まれています。また、日頃から意識して摂りたい食物繊維も豊富。腸の動きを活発にして便通を整えるほか、コレステロール値を下げる、糖質の吸収を緩やかにして血糖値の急上昇を抑える、といった効果もあります。

有効成分として注目したいのが、アミノ酸の一種であるアスパラギン酸。スタミナ強化をうたったドリンク剤などにも配合されている成分で、エネルギー代謝にかかわり、疲労回復に有効であることがわかっています。

肌 とうもろこしの色素成分で目と骨の健康を維持

とうもろこしの黄色い色はカロテノイドの一種であるβクリプトキサンチンやゼアキサンチンなどの色素です。βクリプトキサンチンは骨の健康維持、ゼアキサンチンは目の調子を整える効果があります。

ひげ
ひげも利用されます

とうもろこしの「ひげ」の正体は雌しべ。「絹糸(けんし)」とも呼ばれています。粒とひげの数はほぼ同じくらいです。漢方薬では「南蛮毛」と呼び、利尿・血圧降下作用などがあるとされています。

実
食物繊維が豊富

とうもろこしには、100gあたり3gの食物繊維が含まれており、整腸、便秘改善が期待できます。

保存方法

時間とともに風味や甘みが落ちるので、買ったらその日のうちに食べるのが理想。保存する場合は、ゆですぐにラップで包み、冷蔵保存しましょう。

158

知っておきたい健康ワード
リノール酸

効果と機能

脂質の構成成分である脂肪酸は、構造によって「飽和脂肪酸」と「不飽和脂肪酸」に分けられ、不飽和脂肪酸はさらに数種類に分類されます。とうもろこしに多く含まれるリノール酸は「n-6系」と呼ばれる不飽和脂肪酸の一種で、中性脂肪値を下げたり悪玉コレステロールを減らしたりする健康づくりの味方。ただし、摂りすぎると善玉コレステロールまで減らしてしまいます。n-6系の脂質はさまざまな食品に含まれているので、摂りすぎにも注意が必要です。

【食】ヤングコーン

とうもろこしが大きく育つ前に収穫した、若いとうもろこしがヤングコーン。通常1本の株から収穫するとうもろこしは2本ですが、3本以上なった場合は摘果するためもろこしに比べて栄養価は低めです。100gあたり29kcalと低エネルギーなため、ダイエット時にはおすすめの食材です。

【食】肉や魚と合わせると栄養バランスアップ

野菜として利用されるのは、胚乳に糖分の多いスイートコーンと呼ばれる甘味種。とうもろこしのたんぱく質は、必須アミノ酸のリジンが少ないのが特徴。たんぱく質の多い肉や魚などと組み合わせて摂るとよいでしょう。

食品成分表（可食部100gあたり）

エネルギー		92kcal
水分		77.1g
たんぱく質		3.6g
脂質		1.7g
炭水化物		16.8g
無機質	カリウム	290mg
	カルシウム	3mg
	マグネシウム	37mg
	リン	100mg
	鉄	0.8mg
	亜鉛	1.0mg
ビタミン	B1	0.15mg
	B2	0.10mg
	C	8mg
食物繊維総量		3.0g

効果アップの食べ合わせ

栄養バランスアップ
とうもろこし + 牛乳 
とうもろこしだけでは必須アミノ酸が不足するため、牛乳で補います。

脳の活性化
とうもろこし + 青魚 
とうもろこしに含まれるグルタミン酸、青魚に含まれるDHAには、脳の神経を活発にする効果が期待できます。

疲労回復
とうもろこし + たまねぎ  
とうもろこしに含まれるビタミンB1は、たまねぎの硫化アリルによって働きが持続します。

豆・穀 Bean sprout

もやし

ダイエット中にもたっぷり摂れる低エネルギー食材

成分の9割以上が水分。エネルギー量が低いため、ダイエット中でも安心してたくさん食べられる食材です。もやしに含まれるおもな栄養素は、エネルギーの代謝にかかわるビタミンB₁やB₂、造血効果のある葉酸、感染症予防や美肌づくりに役立つビタミンCなど。高血圧やむくみ対策に役立つカリウムや貧血予防に欠かせない鉄などのミネラルも含有されていますが、量はそれほど多くありません。このほか、疲労回復に役立つアスパラギン酸、腸内環境を整える食物繊維なども含まれています。

保存方法
パックのまま冷蔵庫の野菜室や冷蔵室で保存し、できるだけその日のうちに使いきるようにします。

ブラックマッペ
黒い外皮がついているのが、ブラックマッペ。もやしの中ではビタミンCを一番多く含んでいます。

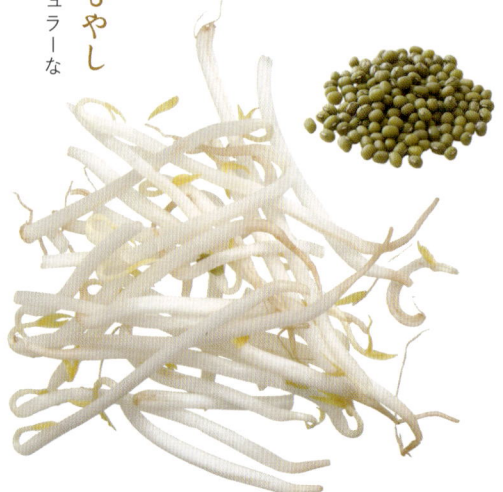

緑豆もやし
一番ポピュラーなもやし。

大豆もやし
豆もやしとも呼ばれます。種が大きく、ほかの2種に比べてカリウム、食物繊維、ビタミンB₁が豊富です。

栄 栄養と加熱の問題点

もやしは水栽培なので、残留農薬のリスクのない野菜ですが、生のままだと食中毒の危険性があるため加熱が必要。もやしはビタミンCを多く含みますが熱で壊れるので、短時間で加熱します。蒸したり、スープやあんかけで汁ごといただくようにするとよいでしょう。

大豆もやし
食品成分表(可食部100gあたり)

エネルギー		37kcal
水分		92.0g
たんぱく質		3.7g
脂質		1.5g
炭水化物		2.3g
無機質	**カリウム**	**160mg**
	カルシウム	23mg
	マグネシウム	23mg
	リン	51mg
	鉄	0.5mg
	亜鉛	0.4mg
ビタミン	B1	0.09mg
	B2	0.07mg
	葉酸	85μg
	C	**5mg**

ブラックマッペ
食品成分表(可食部100gあたり)

エネルギー		15kcal
水分		95.0g
たんぱく質		2.0g
脂質		Tr g
炭水化物		2.7g
無機質	**カリウム**	**71mg**
	カルシウム	15mg
	マグネシウム	11mg
	リン	28mg
	鉄	0.4mg
	亜鉛	0.4mg
ビタミン	B1	0.04mg
	B2	0.06mg
	葉酸	42μg
	C	**11mg**

緑豆もやし
食品成分表(可食部100gあたり)

エネルギー		14kcal
水分		95.4g
たんぱく質		1.7g
脂質		0.1g
炭水化物		2.6g
無機質	**カリウム**	**69mg**
	カルシウム	10mg
	マグネシウム	8mg
	リン	25mg
	鉄	0.2mg
	亜鉛	0.3mg
ビタミン	B1	0.04mg
	B2	0.05mg
	葉酸	41μg
	C	**8mg**

注 同じもやしを使うなら大豆もやし

もやしそのものには栄養素はそれほど多くありませんが、豆の部位には有用な成分が豊富に含まれています。また、大豆と同じく大豆イソフラボンも含まれますので、骨の健康維持にも効果が期待できます。

効果アップの食べ合わせ

骨粗鬆症予防
女性ホルモンに似た働きをもつ大豆イソフラボンは、骨粗鬆症予防に役立つ成分。牛乳でカルシウムも補えば、より効果的です。

大豆もやし ＋ 牛乳

ダイエットに
低エネルギーのもやしやきのこは、ダイエット中の「かさ増し食材」として活躍します。

もやし ＋ きのこ

美肌効果
もやしに豊富なビタミンC、トマトのリコピンには美肌効果が期待できます。

もやし ＋ トマト

豆・穀 Sprout

スプラウト

栄養豊富な「野菜の赤ちゃん」

スプラウトとは、発芽したばかりの新芽を食べる野菜の総称。豆苗（えんどう豆の新芽）やかいわれだいこん（だいこんの新芽）、ブロッコリースプラウトなど、さまざまな種類があります。

植物は発芽する際に多くの栄養素や成分を合成するため、スプラウトは各種のビタミン、ミネラルを豊富に含んでいます。含まれる成分は種類によって異なりますが、なかでも注目を集めているのが、ブロッコリースプラウトに含まれるスルフォラファン。免疫力アップなどにすぐれた効果を発揮するといわれています。

保存方法
パックのまま、冷蔵庫の野菜室や冷蔵室で保存します。

かいわれだいこん
ラディッシュ系だいこんのスプラウト。βカロテンやビタミンC、ビタミンKが多い。抗酸化作用や、抗菌作用があり、よく噛んで食べると酵素反応が活発化してより高い効果を期待できます。

豆苗
中国野菜として有名なえんどう豆（グリーンピース）のスプラウトです。βカロテン、ビタミンC、食物繊維が豊富で、免疫力を強化します。

くうしんさいスプラウト
くうしんさいの新芽で、中国、東南アジアでは一般的に使用される野菜のひとつ。βカロテン、ビタミンC、葉酸が豊富で、クセがなく、生でも食べられます。

アルファルファ
欧米で古くから食用にされてきたムラサキウマゴヤシという牧草のスプラウト。糸のように細いことから糸もやしとも呼ばれます。たんぱく質、βカロテン、ビタミンCが豊富で、アメリカではダイエット食として人気があり生食されます。

知っておきたい健康ワード

スルフォラファン

効果と機能

アブラナ科の野菜に含まれる辛み成分。ブロッコリースプラウトには、成長したブロッコリーの20～50倍ものスルフォラファンが含まれています。強い抗酸化力で細胞の老化を防ぐうえ、発がん物質を無毒化する酵素をサポートする働きも。花粉症などのアレルギー反応の抑制にも役立つといわれています。

効 スルフォラファンにはメラニン抑制効果も

アブラナ科の野菜に多く含まれるスルフォラファンには、強い抗酸化作用に加えて、シミやそばかすの原因となるメラニンの生成を抑制する効果が知られています。ビタミンCも多いので、たんぱく質とともに摂取して美肌づくりに役立てましょう。

効 肝機能の向上とピロリ菌感染予防効果

スルフォラファンには、肝臓のダメージを軽減する働きや、胃がんや胃潰瘍の原因となるピロリ菌に対する殺菌作用や炎症を抑える働きなどがあることがわかっています。まだ人での有効性については十分に検証されていないところもありますが、期待したい効果のひとつです。

にんにくの香りが食欲をそそる
ブロッコリースプラウトとえびのサラダ

材料（2人分）
ブロッコリースプラウト…1～2パック（50～100g）
香菜…15g
えび…8尾
塩、こしょう…各少々
にんにく…1片
タイム（あれば）…1枝
サラダ油…適量
A｜白ワインビネガー…大さじ1
　｜塩…小さじ½
　｜こしょう…少々
　｜エキストラバージンオリーブ油…大さじ1

作り方
1. えびは殻を外し、背側に浅く切り目を入れて背ワタをとり、塩、こしょうをふる。香菜は葉をつみ、茎は粗みじんに切る。
2. フライパンにサラダ油、にんにく、タイムを入れ、弱火で熱する。香りが出てきたらえびを加えて中火で両面を焼く。Aの材料を混ぜ合わせる。
3. ボウルにスプラウト、2を入れ、香菜をのせAを回しかけてふんわりとあえる。

かいわれだいこん
食品成分表（可食部100gあたり）

エネルギー…………………21kcal
水分…………………………93.4g
たんぱく質……………………2.1g
炭水化物………………………3.3g
無機質　カリウム…………99mg
　　　　カルシウム………54mg
　　　　リン………………61mg
　　　　マンガン………0.35mg
ビタミン　A　β-カロテン当量
　　　　　　　…………1900μg
　　　　　K………………200μg
　　　　　B2……………0.13mg
　　　　　B6……………0.23mg
　　　　　C………………47mg
食物繊維総量…………………1.9g

効果アップの食べ合わせ
生活習慣病予防

スルフォラファンで免疫力をアップ。さらに、食物繊維で腸内の有害物質の排泄をうながします。

ブロッコリースプラウト ＋ さつまいも

干し野菜をつくってみよう

干すだけで
おいしさと栄養がアップ

干ししいたけ、ひじき、こんぶ、切り干しだいこん……。乾物は、日本の食卓に欠かせない食材のひとつです。食材を干して乾燥させることで保存性を高めるためのものですが、実は栄養も豊富。たとえば、ほぼ1食分の切り干しだいこん（15g）をだいこん（100g、約3cm厚さ）とくらべてみると、約3倍のカルシウム、約2倍の鉄、約2倍の食物繊維などが含まれています。風味やうまみが凝縮され、生の野菜とはひと味違うおいしさも加わります。

残り野菜は干し野菜に

身近な野菜も、天日干しにするだけで保存性とおいしさがアップする「干し野菜」に変身します。材料は何でもOK。少しだけ残ってしまった野菜も、軽く干しておけばむだなく使いきることができます。

野菜はよく洗い、水けを完全にふき取ります。だいこん、にんじん、ごぼうなど、普段は皮をむくことが多い野菜も、干す場合は皮つきのままで大丈夫。切り方にも決まりはなく、好みのサイズに切り分けて構いません。干したあと、どんな料理に使うかを考え、それに合わせて切っておくと便利です。薄く小さいもの、切り口の断面が広いものほど、水分が抜けやすくなります。

切った野菜は盆ざるなどに重ならないように並べ、日当たりと風通しのよいところで干します。ほこりや虫が気になる場合は、食卓用の虫よけカバーなどをかぶせておくとよいでしょう。ときどき様子を見て、野菜の表面が乾いたら、裏返して反対側を日に当てます。干し時間は、季節や天気、干す環境、野菜の種類などによって異なりますが、表面に軽くしわが寄ってきたりすれば、ほぼ水分が抜けています。

手づくりの干し野菜の場合、水分が完全に抜けているわけではないので、干し終えたものは冷蔵庫へ。長期保存は避け、4〜5日を目安に食べきりましょう。

種実

えごま

種 Perilla

健康づくりに役立つ脂質を含む

シソ科の植物で、葉の色や形は青じそによく似ています。葉を野菜として利用するほか、種から搾る油も食用にされます。

えごまの葉には、βカロテンのほか、ビタミンC、ビタミンEも豊富。これらの栄養素はそれぞれがすぐれた抗酸化作用をもっていますが、3種類をいっしょに摂ることで、活性酸素の害から体を守る働きがさらにアップします。ビタミン類のほか、カルシウム、鉄などのミネラルも多く含まれています。

えごま油が「体によい油」とされるのは、αリノレン酸を多く含んでいるから。「n-3系」という種類に分類される不飽和脂肪酸の一種で、コレステロール値と中性脂肪値を下げる働きがあることがわかっています。

葉 | 栄養豊富な葉には防腐効果も

葉には、βカロテンやビタミンCのほか、ビタミンEも豊富。香り成分の「ペリラケトン」や「エゴマケトン」が含まれ、肉や魚の臭み消しのほか、防腐作用による食中毒の予防効果が期待できます。

保存方法

湿らせたキッチンペーパーで包んでポリ袋に入れ、冷蔵庫の野菜室で保存します。

種 | 種は油の原料に

種からは健康食品として人気を集める「えごま油」が採られるほか、香ばしく炒って薬味としても使われます。そのままではプチプチとした食感が楽しく、すりつぶすと栄養が吸収されやすくなります。

知っておきたい健康ワード

α-リノレン酸

効果と機能

脂質を構成する脂肪酸（P159参照）のうち、飽和脂肪酸は、中性脂肪値や悪玉コレステロールの値を上げるものがほとんど。これに対して不飽和脂肪酸の多くは中性脂肪値、悪玉コレステロールの値を下げるのに役立ちます。α-リノレン酸は、「n-3系」と呼ばれる不飽和脂肪酸の一種。体によい働きがありますが、エネルギー量はどの油も同じなので、摂りすぎには注意が必要です。

栄 えごま油と不飽和脂肪酸

えごま種子が原料の油で、含まれる脂肪酸のうち約60％がα-リノレン酸。不飽和脂肪酸のα-リノレン酸は、人間の体内で合成できない必須脂肪酸のなかでも不足しやすいので、積極的に摂取するとよいでしょう。同じく不飽和脂肪酸のひとつであるリノール酸も必須脂肪酸のひとつですが、現代の食生活ではやや摂りすぎの傾向があるので注意が必要です。

栄 えごま油は太りにくい油として注目

えごま油に含まれるポリフェノールの一種・ロズマリン酸には、食べすぎで起こる肥満の予防・改善効果が期待されています。食事から摂った糖質は、ブドウ糖に分解されて吸収されますが、ロズマリン酸が糖を分解する酵素の働きを抑制するため、糖の吸収量を減らすことができると考えられています。

栄 不飽和脂肪酸はバランスよく摂取する

不飽和脂肪酸には、リノール酸に代表されるn-6系とαリノレン酸に代表されるn-3系がありますが、どちらも必須脂肪酸と呼ばれる大事な成分です。体内では、それぞれの脂肪酸から健康維持に重要な物質がつくられます。両者の望ましい摂取比として4対1が推奨されているので、バランスよく摂るようにしましょう。

葉
食品成分表（可食部100gあたり）

エネルギー		40kcal
水分		86.7g
たんぱく質		17.7g
脂質		**43.4g**
炭水化物		7.5g
無機質	カルシウム	**230mg**
	マグネシウム	230mg
	鉄	1.7mg
	銅	1.93mg
	マンガン	3.09mg
ビタミン	E	1.3mg
	B1	0.13mg
	B2	0.34mg
	B6	0.19mg
食物繊維総量		.00g

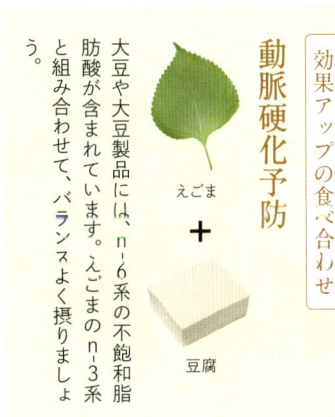

効果アップの食べ合わせ 動脈硬化予防

えごま ＋ 豆腐

大豆や大豆製品には、n-6系の不飽和脂肪酸が含まれています。えごまのn-3系と組み合わせて、バランスよく摂りましょう。

えごま油マヨネーズ

材料（作りやすい分量）
- 卵…1個
- 酢…大さじ2
- 砂糖…小さじ1
- フレンチマスタード…小さじ1/2
- こしょう…少々
- えごま油…170mℓ

作り方
1. ボウルに卵、酢、砂糖、フレンチマスタード、こしょうを入れ、泡立て器でよく混ぜ合わせる。
2. もったりとしてきたら、えごま油を少しずつ加え、その都度よく混ぜ合わせる。白っぽいクリーム状になったらでき上がり。

種 Sesame

ごま

強い抗酸化力をもつ特有成分がたっぷり

成分の半分以上を占める脂質は、リノール酸、オレイン酸といった不飽和脂肪酸が中心。コレステロール値や中性脂肪値を下げる効果があるため、生活習慣病予防のために意識して摂りたい成分です。

ごまに含まれるセサミン、セサミノールなどの成分を、まとめてゴマリグナンと呼びます。ゴマリグナンの特徴は、強い抗酸化力を備えていることです。このほか、カルシウムや鉄といったミネラル、エネルギー代謝にかかわるビタミンB1なども多く含まれています。

黒ごま
アントシアニンを含み、抗酸化作用が高いとされています。脂質は白ごまより少なめです。

白ごま
黒ごまより香りがあるのが特徴。種子の約半分ほどが脂質でセサミンの量も多いと考えられます。

皮
そのまま食べても…
かたい皮に包まれているため、そのままでは消化吸収されずに排泄されてしまうことが。すり潰す、刻むなどして利用しましょう。

保存方法
密封できる袋や瓶などに詰め替え、湿気がなく涼しい場所に保存しておきましょう。冷凍庫で保存すれば香りを保つことができます。

知っておきたい健康ワード　ゴマリグナン

効果と機能

ポリフェノールの一種であるセサミン、セサモリン、セサミノールの総称。すぐれた抗酸化作用があるほか、セサミンには、アルコールの分解を促進して肝臓を守る、免疫力を高める、血圧の上昇を抑える、などの働きも期待できます。

[食] ほかの食材と組み合わせて

ビタミンA、Cを多く含む緑黄色野菜を合わせれば、ビタミンEとの相乗作用で健康効果が増します。カルシウムの働きを助けるビタミンKが豊富な海藻との食べ合わせもおすすめです。

[食] ペーストは最高！

セサミンを効率よく摂取するには、ペースト状の練りごまがおすすめ。細かくすり潰すほど吸収率が高まり、栄養面での効果も向上します。

セサミンパワーたっぷり
練りごま汁うどん

材料と作り方（1人分）
市販の練りごまを使えば、手軽にごま汁がつくれます。練りごま（白）・しょう油各大さじ3、酒大さじ2に熱湯400mlを加えてのばし、塩、こしょうで味を調えれば完成。ゆでうどん、お好みの具を加えて召し上がれ。

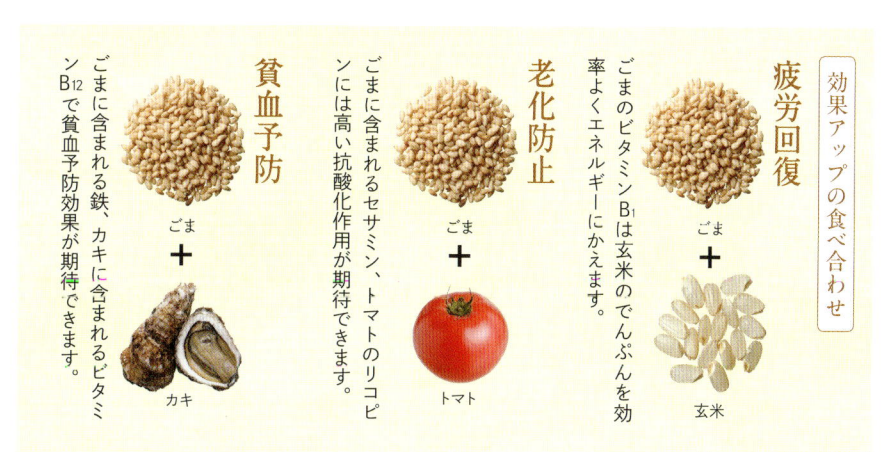

油
食品成分表（可食部100gあたり）

エネルギー		921kcal
水分		0g
たんぱく質		0g
脂質		**100.0g**
炭水化物		0g
無機質	**カルシウム**	**1mg**
	マグネシウム	Tr mg
	鉄	0.1mg
	銅	0.01mg
	マンガン	0mg
ビタミン	E	0.4mg
	B1	0mg
	B2	0mg
	B6	(0)mg
食物繊維総量		0g

実
食品成分表（可食部100gあたり）

エネルギー		578kcal
水分		4.7g
たんぱく質		19.8g
脂質		**51.9g**
炭水化物		18.4g
無機質	**カルシウム**	**1200mg**
	マグネシウム	370mg
	鉄	9.6mg
	銅	1.66mg
	マンガン	2.24mg
ビタミン	E	0.1mg
	B1	0.95mg
	B2	0.25mg
	B6	0.60mg
食物繊維総量		10.8g

[効果アップの食べ合わせ]

疲労回復　ごま ＋ 玄米
ごまのビタミンB1は玄米のでんぷんを効率よくエネルギーにかえます。

老化防止　ごま ＋ トマト
ごまに含まれるセサミン、トマトのリコピンには高い抗酸化作用が期待できます。

貧血予防　ごま ＋ カキ
ごまに含まれる鉄、カキに含まれるビタミンB12で貧血予防効果が期待できます。

ピーナッツ

抗酸化物質や体によい脂質で生活習慣病を予防

ピーナッツには、たんぱく質や脂質、ビタミンB群、ビタミンEなどが豊富に含まれています。たんぱく質は体の組織をつくるために欠かせない栄養素。脂質にはオレイン酸やリノール酸が多いため、コレステロール値や中性脂肪値を下げる効果が期待できます。脂質の一種であるレシチンにも、肝臓の働きを助けてコレステロールを減らしたり、血管にたまったコレステロールの排泄をうながしたりする作用があります。

ビタミンB群は、おもに糖質、脂質、たんぱく質などをエネルギーにかえる働きをサポート。ビタミンEはすぐれた抗酸化作用があり、老化防止に役立つことから「若返りのビタミン」とも呼ばれる栄養素です。

保存方法
密閉容器などに入れ、冷蔵庫で保存。なるべく早く食べるようにしましょう。

栄 約半分が脂質で、高エネルギー！
100gあたりのたんぱく質は25.4g、脂質は47.5g。およそ半分が脂質で、高エネルギーです。ただし、脂質にはリノール酸やオレイン酸など、生活習慣病予防に役立つ働きをもつ成分も多く含まれています。

栄 薄皮に栄養たっぷり
薄皮は捨ててしまいがちですが、できれば食べましょう。赤茶色の成分はポリフェノール。抗酸化力が強く、悪玉コレステロールを減少させたり、動脈硬化を予防する効果が期待できます。

コラム ピーナッツオイルのはなし
焙煎したピーナッツの甘い香りが特徴の油で、中華料理によく使われます。軽い口当たりで酸化にとても強く、揚げ油や、高温に熱して「ジュッ」と料理に回しかける調理にも適しています。実同様、オレイン酸の含有量が高く、悪玉コレステロールを減らす効果が期待できます。

知っておきたい健康ワード

オレイン酸

効果と機能

不飽和脂肪酸のうち、「一価不飽和脂肪酸」に分類されるn-9系の脂肪酸。オリーブ油、菜種油（キャノーラ油）などに多く含まれています。善玉コレステロールは減らさずに、悪玉コレステロールだけを減らす作用があり、動脈硬化や心疾患に効果があると考えられます。

主な食材

ヒマワリ油／ヘーゼルナッツ／オリーブ油／サフラワー油／アーモンド／菜種油／マカダミアナッツ

香ばしい衣があとを引く
ささみのピーナッツ揚げ

材料と作り方
酒、しょう油各大さじ1、砂糖、しょうがのしぼり汁各小さじ1で漬け汁をつくる。鶏ささみ2本は筋を取って開き、漬け汁に20分ほど漬ける。ささみに小麦粉、溶き卵、細かく砕いたピーナッツ（約100g）の順でころもをつける。低めの温度（160～170℃）に油を熱し、ささみが浮き上がってくるまでじっくりと揚げる。

ごまあえをピーナッツでアレンジ
おかひじきのピーナッツ和え

材料（2人分）
ピーナッツ…20g
おかひじき…50g
A｜しょう油・だし汁…各大さじ½
　｜砂糖…小さじ1

作り方
1. おかひじきは熱湯でさっとゆで冷水にとり、水けをきって3cm長さに切る。
2. すり鉢にピーナッツを入れてよくすりつぶし、Aを加えて混ぜ、1とあえる。

実

食品成分表（可食部100gあたり）

エネルギー		562kcal
水分		6.0g
たんぱく質		25.4g
脂質		47.5g
炭水化物		18.8g
無機質	カリウム	740mg
	マグネシウム	170mg
	リン	380mg
	亜鉛	2.3mg
	マンガン	1.56mg
ビタミン	**B1**	**0.85mg**
	ナイアシン	**17.0mg**
	B6	0.46mg
	葉酸	76μg
食物繊維総量		7.4g

効果アップの食べ合わせ

冷え性予防
ピーナッツには血行を促進して体を温める効果も。しょうがと合わせて効果アップ。
ピーナッツ ＋ しょうが

美肌効果
ピーナッツに含まれるビタミンE、さつまいもの食物繊維で美肌効果が期待できます。
ピーナッツ ＋ さつまいも

動脈硬化予防
ピーナッツの脂質は悪玉コレステロールを減らして血管壁をきれいにし、豚肉のたんぱく質には血管をしなやかにする働きがあります。
ピーナッツ ＋ 豚肉

種
Walnut

くるみ

ビタミンEが細胞の老化を防ぐ

主成分は脂質とたんぱく質。脂質の多くは、リノール酸、αリノレン酸といった不飽和脂肪酸です。不飽和脂肪酸は、コレステロール値や中性脂肪値を下げる作用がある成分として注目されています。ただし、体によい作用を備えた脂質でも、エネルギー量はほかの油脂と同じ。脂質を多く含むくるみは、9～10粒でごはん1膳ほどのエネルギー量があるので、食べ過ぎには注意が必要です。

すぐれた抗酸化力をもつビタミンEが多く含まれているので、老化防止効果をさらに高めるβカロテンやビタミンCが豊富な食材との組み合わせがおすすめ。サラダのトッピングやくるみあえなど、野菜といっしょに食べる工夫をしてみましょう。

殻
皮はスクラブ剤に利用されます

かたい殻は粒状にして、スクラブ剤の材料にも使われています。適度な油脂分もあり皮脂栓を分解し、古い角質や老廃物を取りのぞくとされています。

炒
炒ることで香ばしい風味に

ローストすることで、ビタミン類が減少、たんぱく質は凝固し酸化も進みますが、風味が増し、食べやすくなるので、おいしく食べられるようになります。

生
生のくるみは、害になることも

生で食べると、酵素抑制物質が栄養の吸収を妨害し、体に害を及ぼす可能性もあります。

食
くるみオイルのはなし

くるみの実をしぼった油で、くるみ特有の香ばしさが特徴です。加熱すると香りが豊かになるので、グリル料理やパン・お菓子づくりにぴったりです。ドレッシングなど、生で使う料理や、揚げもの、いためものなど、幅広い料理に使えます。

効果アップの食べ合わせ
動脈硬化予防

くるみのビタミンEには抗酸化作用が。豆乳の大豆たんぱく質には、コレステロール低下作用があります。

くるみ ＋ 豆乳

食品成分表（可食部100gあたり）

エネルギー		674kcal
水分		3.1g
たんぱく質		14.6g
脂質		68.8g
炭水化物		11.7g
無機質	カリウム	540mg
	カルシウム	85mg
	マグネシウム	150mg
	リン	280mg
	鉄	2.6mg
	亜鉛	2.6mg
	銅	1.21mg
	マンガン	3.44mg
ビタミン	B1	0.26mg
	B2	0.15mg
食物繊維総量		7.5g

種
Almond

アーモンド

体の調子を整えるミネラルをバランスよく含む

主成分は脂質ですが、そのほとんどがオレイン酸やリノール酸。これらの成分は、コレステロール値や中性脂肪値を下げるのに役立つ不飽和脂肪酸の一種です。

豊富に含まれるビタミンEは、抗酸化作用をもつ栄養素の代表です。活性酸素によって細胞が酸化されるのを防ぐため、健康維持や老化防止に役立ちます。脂質や糖質の代謝にかかわるビタミンB_2もたっぷり。腸の働きを整え、生活習慣病の予防にも効果が期待できる食物繊維も多く含まれています。骨や歯の健康を守るカルシウムやマグネシウム、貧血・改善する鉄、高血圧予防に役立つカリウムなど、各種のミネラルがバランスよく含まれていることもアーモンドの特徴です。

食 アーモンドオイルのはなし

アーモンドオイルには実と同じくビタミンEが豊富に含まれ、その抗酸化力により油自体も酸化しにくいという特徴があります。高温調理からサラダなどの生ものなど、幅広い用途に使える油です。焼き魚やステーキの仕上げにひと塗りすれば、アーモンド特有の甘い香りが楽しめます。

食 殻つきとの差は?

アーモンドは殻を取り除いてから、油で焙煎。殻つきのものは、塩水を使ってノンオイルでローストしてあります。殻つきのほうが味の変化は少ないでしょう。

効果アップの食べ合わせ

骨粗鬆症予防

アーモンド + チーズ

チーズのカルシウムとアーモンドのマグネシウムは、ともに丈夫な骨をつくる成分です。

便秘解消

アーモンド + ヨーグルト

アーモンドに豊富な食物繊維とヨーグルトの乳酸菌で腸内環境を改善します。

食品成分表(可食部100gあたり)

エネルギー		587kcal
水分		4.7g
炭水化物		20.9g
無機質	ナトリウム	1mg
	カリウム	760mg
	カルシウム	**250mg**
	鉄	3.6mg
	亜鉛	3.6mg
ビタミン	A β-カロテン当量	11μg
	B_1	0.20mg
	B_2	1.06mg
	B_6	0.09mg
	葉酸	65μg
食物繊維総量		10.1g

油の分類表

油の種類	原料など	脂肪酸の種類	味・香り	調理方法	健康効果	保存方法
菜種油	菜種の種子	オメガ9	クセがなく、淡白	加熱調理にも生食にも使える。	動脈硬化予防、骨粗鬆症予防	直射日光を避けて常温保存
紅花油	紅花の種子	オメガ9	クセがなく、軽い風味	加熱調理にも生食にも使える。	血行促進、抗酸化作用	直射日光を避けて常温保存
落花生油	落花生の種子	オメガ9	落花生の香り	加熱調理にも生食にも使える。	老化防止、冷え性予防	直射日光を避けて常温保存
亜麻仁油	亜麻の種子	オメガ3	クセがなく、淡白	酸化しやすいので生食向き。	脳の活性化、アレルギー抑制	直射日光を避けて常温保存
ごま油	ごまの種子	オメガ6	香ばしいごまの香り	加熱調理にも生食にも使える。	抗酸化作用、高血圧予防	直射日光を避けて常温保存
えごま油	えごまの種子	オメガ3	クセがなく、淡白	酸化しやすいので生食向き。	脳の活性化、アレルギー症状の緩和	開封前は冷暗所、開封後は冷蔵庫で保存
アーモンドオイル	アーモンドの仁	オメガ9	アーモンドの香り	加熱調理にも生食にも使える。	血行促進、抗酸化作用	直射日光を避けて常温保存
くるみオイル	くるみの仁	オメガ6	くるみの香ばしい甘み	加熱調理にも生食にも使える。	血行促進、脳の活性化	直射日光を避けて常温保存
コーン油	とうもろこしの胚芽	オメガ6	ほのかに甘みがある	加熱調理にも生食にも使える。	抗酸化作用、血行促進	直射日光を避けて常温保存
ココナッツオイル	ココヤシの実の胚乳	飽和脂肪酸	ココナッツの甘い香り	25℃以下で固まるので、夏場以外は加熱調理向き。	肥満予防、脳の活性化	直射日光を避けて常温保存
サラダ油	菜種油、大豆油などの植物油を精製したもの	リノール酸・オレイン酸	無味・無臭に近い	加熱調理にも生食にも使える。	原材料により異なる	直射日光を避けて常温保存

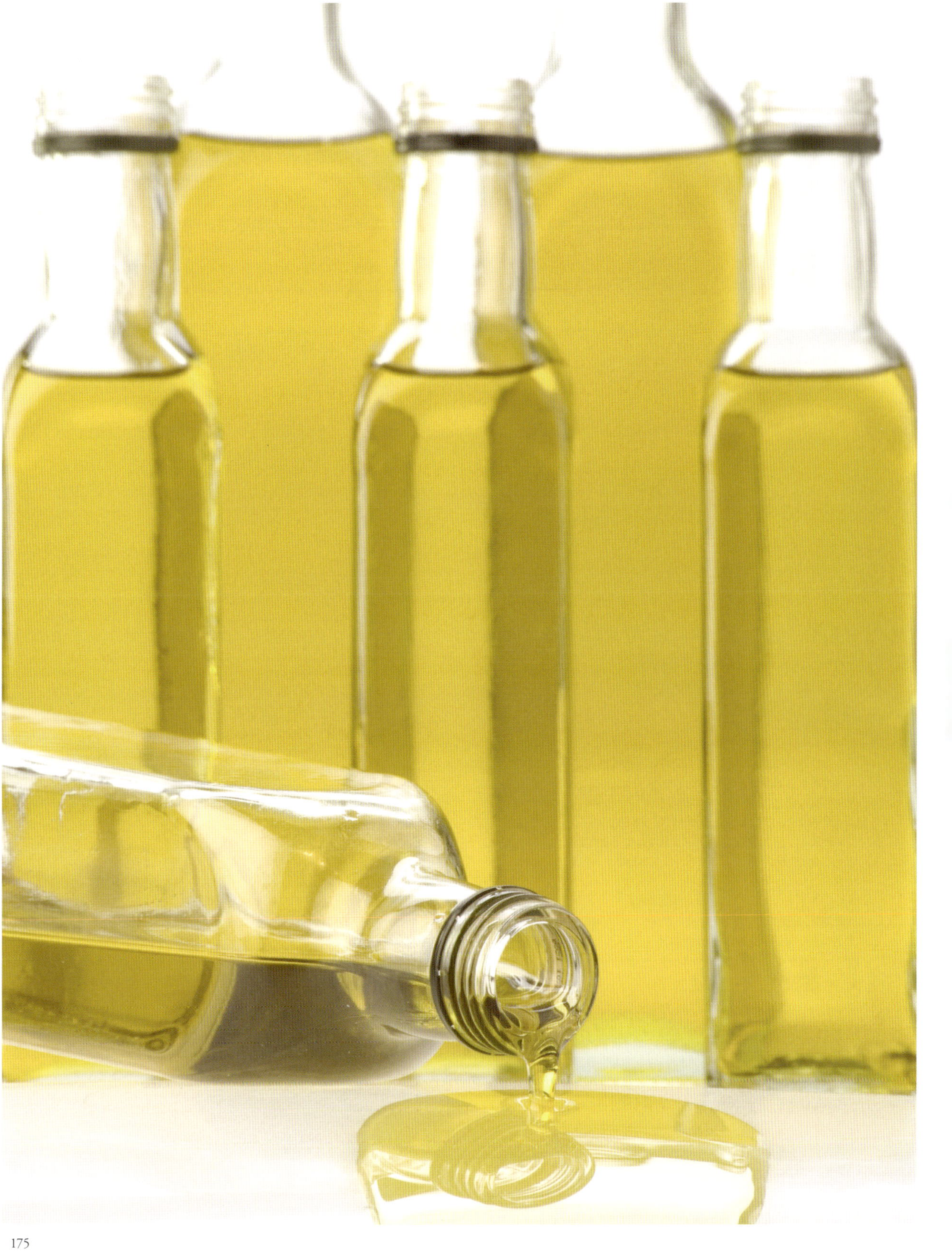

〈監修者〉

名取貴光（なとり　たかみつ）

山梨学院大学健康栄養学部准教授、医学博士。山梨大学大学院医学工学総合教育部人間環境医工学専攻博士課程修了後、名古屋大学大学院医学系研究科研究員、名古屋医専看護保健学科非常勤講師などを経て現職。専門は食品科学、神経科学。日本農芸化学会、日本神経科学会、日本生化学会などに所属。食品成分の生体機能調節をテーマに日々研究を行っている。

クリエイティブディレクション　石倉ヒロユキ
編集・執筆協力　regia、真木文絵、野口久美子
デザイン　regia
プロデュース　高橋インターナショナル

新・野菜の便利帳　健康編

監修者　名取貴光
発行者　高橋秀雄
発行所　高橋書店
　〒112-0013　東京都文京区音羽1-26-1
　編集　TEL 03-3943-4529　FAX 03-3943-4047
　販売　TEL 03-3943-4525　FAX 03-3943-6591
　振替　00110-0-350650
　http://www.takahashishoten.co.jp/

ISBN978-4-471-40861-9
© regia Printed in Japan

参考文献
からだにおいしい野菜の便利帳（高橋書店）
からだにおいしいフルーツの便利帳（高橋書店）
もっとからだにおいしい野菜の便利帳（高橋書店）
栄養成分の事典（新星出版社）
食べ合わせ新百科（ブックマン社）
からだに効く栄養成分バイブル（主婦と生活社）
食べて治す！最新栄養成分事典（主婦の友社）
栄養の基本がよくわかる事典（西東社）
しっかり学べる！栄養学（ナツメ社）
からだによく効くスパイス&ハーブ活用辞典（池田書店）
安全な食品の選び方・食べ方事典（成美堂出版）
栄養「こつ」の科学（柴田書店）
おいしさをつくる「熱」の科学（柴田書店）
健康診断2週間前で検査数値は良くなる！（自由国民社）
食品成分表2015（女子栄養大学出版部）
ベターホームの食品成分表（ベターホーム出版局）

※食品成分値は文部科学省科学技術・学術審議会資源調査分科会報告「日本食品標準成分表2015年版（七訂）」によるものです。食品成分値を複製、転載等する場合は事前に文部科学省への許可申請もしくは届け出が必要となる場合があります。
連絡先／文部科学省　科学技術・学術政策局　政策課資源室
E-mail：kagseis@mext.go.jp

定価はカバーに表示してあります。本書の内容を許可なく転載することを禁じます。
また、本書の無断複写は著作権法上での例外を除き禁止されています。本書のいかなる電子複製も購入者の私的使用を除き一切認められておりません。
造本には細心の注意を払っておりますが万一、本書にページの順序間違い・抜けなど物理的欠陥があった場合は、不良事実を確認後お取り替えいたします。
下記までご連絡のうえ、小社へご返送ください。ただし、古書店等で購入・入手された商品の交換には一切応じません。

※本書についての問合せ　土・日・祝日・年末年始を除く
平日9：00～17：30にお願いいたします。
内容・不良品／TEL 03-3943-4529（編集部）
在庫・ご注文／TEL 03-3943-4525（販売部）